晨曦

一九九六、六、十八、金石堂

SUNNY BOOKS

天玉元空寶鑑

人生在世有命運•天地造化有契機

羅群／著

張序

自從龍馬負圖出現在台灣，據此原理，找到了龍馬正圖。龍馬負圖又名河圖，卽十二生肖過河之圖。龍馬正圖是渭河邊之十二生肖形勢之圖，卽易經記載：「乾爲馬。坤爲牛。震爲龍。巽爲雞。離爲雉。坎爲豕。兌爲羊。艮爲狗」。負圖是在天成象之圖，正圖是在地成形之圖。在天成象者，形而上之道也；在地成形者，形而下之器也。聖人「仰而觀于天文。俯而察于地理。觀鳥獸之文與地之宜」。鳥獸之文，生肖形象之學也；與地之宜者，地理環境之適宜也，是故風水原於易學。風者，天之微也；水者，地之華也。風水又名堪輿，堪者可也；輿者行也。承易學王道思想，惟一可行之道也。

易傳曰：「上古穴居而野處。後世聖人易之以宮室。上棟下宇以待風雨。蓋取諸大壯。」大壯是指人類整體茁壯。地球上有人類已億萬年矣，從來就與動物一樣，難以旺盛。有巢氏構木爲巢之後，人類略有進步。到了黃帝時代，一大建設人類智慧突飛猛進，人口忽然旺盛起來，所以易之大壯卦，是記陽宅學的卦。又曰：「古之葬者。厚衣之以薪。葬之中野，不封不樹喪期无類。後世聖人易之以棺槨。蓋取諸大過。」庖羲氏以集中葬法，將整族人之祖先遺骸，集中葬在天水麒麟穴中。不封不樹就是不立碑不建樹，不用棺槨，可以蔭生人類長命至八、九百歲。後人易之以棺槨之後，人類壽命減短，雖使改變葬法，不合自然之原理，禍及天下，聖人認爲是大過，卽大的過錯也。

三百年來，西方科學發達，發明日新，水泥洋房，人住之茁壯之方也。人多地少，建設頻繁，葬地有限成爲問題。國際上推行火葬及許多破壞自然之設施，科學昌明的背後已潛伏著莫大的危機，人類必須究出眞正「可行」之道，或可解救空前的浩刼巨禍。

禮經曰：「王前巫而後史」。伏羲氏王天下，乃以學問冠世。王乃第一之義也，風水學也有「王道風水」與「巫道風水」。巫道亂易，魚目混珠，易學難明，風水變成迷信者此也。王道乃天人合一，合乎自然之正理，是爲「理信風水」。巫道風水乃滲入鄙俗迷信，風氣流行所造成，卽江湖術士、法術、異功、符籙心理學等。人性弱點多信異說，吾人不可不愼思明辨也。羅輝雄君余之親翁也，早歲入室門下，天資聰頴，苦學有成。堪輿易學，已得秘旨，且能發微，今著天玉元空寶鑑問世，特頌數語以爲之序。

開易紀元六〇六二年　陽月吉旦

張淵量序於中壢

自序

古曰地理風水，其義何也？先談其地理，後論風水。地靜爲體，以象爲主，以形象觀其四勢。其要藏風聚氣，觀其動靜陰陽相應，賓主相迎有禮。察其山情水意，動之有情，靜之有意，論其情意理氣配之。此乃以山龍而言，故曰地理。楊公及先賢觀山龍之法，亦以象爲主，而後以理氣配之。故楊公曰：「山家不要論五行，明倒杖，卦坐陰陽何必想。」因山龍若有結穴，必有天生自然之配合。只觀其情，察其意，用杖倒地一指放在穴處是也。

若論其風水，風者氣也，無形而有氣；水者質也，有形而兼有氣。且風行地上，其氣爲陽；水伏地中，其氣爲陰，此論平洋大地風水之氣也。故先賢在平洋大地，以水爲龍，論其風水雌雄之氣，故曰風水，即先賢觀山曰地理，察地曰風水，此即地理風水之義也。青囊經曰：「乘風則散，界水則止。」葬書云：「得水爲先，藏風次之。」而赤松子曰：「大塊之間。何處無風。何處無水。其風浩蕩。而水渺茫。無收無放。來去無常。」如何得用其陰陽，必善知風水，而更知陰陽之變。變者何？曰風雖陽，而陽中有陰也；水雖陰，而陰中有陽也。吾謂陽中之陰爲眞陰，陰中之陽爲眞陽，欲知風水之道，必得此眞陰眞陽而後可。

思想當年，仙師明家定龍捉穴，百發百中者，莫不於風水之陰陽能辨其吉凶也。然則風水之吉凶將何以辨之？曰乘曰界。風原不能散氣，以噓之使散，故曰病在乎乘，水原不能止氣，以吸之使止也，妙在在乎界。何也？風水皆行氣之物，風本陽氣也，非陽能散陽，是以陽中之陰散之也。水本陰氣也，亦非陰能止陽，以陰中之陽止之。其陽風中之陰，卽爲散陽之病。散者凶也，陰水中之陽，卽爲止陽氣之妙。止者吉也，其曰乘風者，非乘曠濶之風，是狹小之風，如巷直風、箭風之類，其風如是，陰而多寒。若乘之，陽氣必散。水曰界，非直流之水，而是圍環之水，如兜水、揷水、托水之類，其水如是，有彎抱而多秀，穴得其界，陽氣便止，故曰水龍得水爲先，界水乃其妙也。其風水之陰陽，獨詳明水龍可也。

水龍本無山脈，而獨收風水二氣，則其眞陰眞陽又何收之？曰風行地上，勢本動，陽也；若神氣會聚變而爲陰，靜也，則陽中之陰得以收也。水伏地中，勢本陰，靜也；其光氣流蕩，變而爲陽，動也。則陰中之陽得以收矣。此謂眞陰眞陽可也。如此陰陽，又能不出一卦之用，卽謂之淨陰淨陽，亦無不可。水龍之能事畢矣。但風收氣運之順，水收氣運之逆，氣運之顚倒，卽陰陽之顚倒也。卽楊公曰：「顚顚倒，二十四山有珠寶。」又云：「識得五行顚倒顚，便是陸地仙。」此以平洋水龍言之。

風水二字曰元空，何也？風之氣得元爲生，故曰元。元者，三元得運之元也。水收反元之氣爲死，死者空也，卽水曰空。故曰元空大五行用於水龍也。此一生一死乃爲定龍捉穴秘密之妙理也，至今世無人知識，識者不言，恐浪洩天機，卽致今世墓宅百無一是。吾每念此而不忍，卽今註釋先賢不洩之秘，希後學者可入元空之正門，亦可爲世人之幸矣。首卷有河洛先後天理氣及先賢水龍圖解，卷二青囊序曾公著，卷三水龍五歌蔣公平階著，卷四理氣章、南唐何公令通著，卷五天玉經上中下內傳、楊公筠松著。此皆平洋水龍理氣眞書，可稱爲天玉之寶，卽此書號名爲天玉元空寶鑑可也。

中華民國癸酉年蒲月

于高雄市精一擇日堂

羅群字輝雄　自序

序二

余自童年喜學命理，體會人生，知天地造化有機，人生在世有命有運也。究之命從何來？運從何轉？古言前因後果，有則矣。俗言前世因後世果，無則也。又曰種瓜得瓜，種豆得豆。此德也，人和也，處世之道也，因也，果也。然則祖先骨靈相關，得何地形，生何人相，此因果也。故孔曰：地靈人傑也，環境創造人生是也，理正合之自然有則，從此之後，處處觀察環境，人生之造化，體會自然之則，略知一二。

家父逝世，余請師點地，初有地靈之感應，一年未到，家父墓碑斷半，事事不如意，知之有因，乃問師何因。師曰：地氣太強，斷之無甚關係。余思之，不合正理，然後再訪師鑑之，各說各道，百無一是，亦不知其因。一日友人告之中壢有一明師南下，深究易學理學之自然有則，名曰張師淵量。余信友人，順便請鑑。一言之下，道破千古，條條是則，理合自然，句句合余之意。吾思之，今得明師，何不拜他爲師。求其同意，從此拜他爲師，學之易學自然，究之河洛理數。師訓曰：自然之學，深之會意，學之有則，希結業後，深研造福人群。

結業數年，每日思研自然，究之河洛理數。吾師曰：要知其然，必先知其所以然。照吾師指示深究，一日觀吾師所制之三元羅盤，忽然悟識所以然之道理。吾師曰：一理可貫通萬理。以則也。自此以一反三，先賢不傳之秘可一一貫通，一目了達乾坤之道。余觀辨正一書，正理氣之書，水龍也，非山龍矣。而蔣註正確，語多隱秘，恐洩漏天機之故也。而世人不知其解，反而多註，各立其本意，畫蛇添足，百門百解，條理無則。反致禍世。吾爲此懼，再辨而申明之，意望有後學能登入元空之正門，是世之幸矣。

中華民國癸酉年梅月

羅群字輝雄謹識

敍

研習地理風水，應本研究科學求精求一的精神，不雜其他邪說思想或假藉怪異之說，以淆亂學術研究。地理風水學理綦繁，方法多端。然不失一陰一陽，交互體用，河圖洛書之理。在研究中，尤須具備理則學的素養，先明根柢，而後疏枝葉，在歸納辨證中，才能尋出眞理定則。

本書著作註解，實不忍地理風水典籍龐雜艱澀難明，補註中又畫蛇添足，荒謬臆測，造成混一車書，尚陰陽不辨，收山出煞不明，難救平洋之禍矣。促而耐心整理撰述，註解幾十年心血，解出先賢不洩之秘。承先賢心法，再辨而申明之，願有志於地理風水研究者能細心品味，則陰陽交媾、動靜之配合，才能合乎河洛定則。在元空之正門內，不要再用僞法誤盡閻羅世上人是幸。今天玉元空寶鑑出版行世，特抒所見，以爲海內外君子介焉。

中華民國八十二年歲次癸酉梅月

邱久男謹識

天玉元空寶鑑目錄

卷一

二

卷五

卷一

太極陰陽圖

瞿塘來氏所定

中爲太虛，渾然元氣，陰陽未判，自分陰分陽。老少動靜，流行嬗化而生萬事、成萬物。此一生二、二生三之定體也。萬物一太極，物物一太極，風水元空之義，其如示諸斯乎。是圖名太虛圖矣。

方圓賦

張淵量著

天圓球體。內無內外無外。地方立體。變不變易不易。乾坤易簡。放眼了達陰陽。
方圓闔闢。格物自見表裏。大道中庸。中不偏庸不易。玄機造化。明有象幽有則。
太極一點。自然可舒可卷。善惡兩端。莫謂難定難議。物有本末。推其因察其果。
事有終始。追其根究其底。十字歸中。明奧理合天心。四達去來。舒律則創人生。
方圓同心。萬理融滙一爐。知行合一。萬法猶見歸宗。是規是矩。人人守仁入德。
亦準亦繩。事事自有權衡。乾旋坤轉。運用時間空間。圓動方靜。配合哲理物理。
治人事天。韜略運籌帷幄。驚神泣鬼。禍福瞭如指掌。謀事在人。明機勝算於我。
成事在天。知天功成在握。發明奧秘。裨益人羣。

河圖

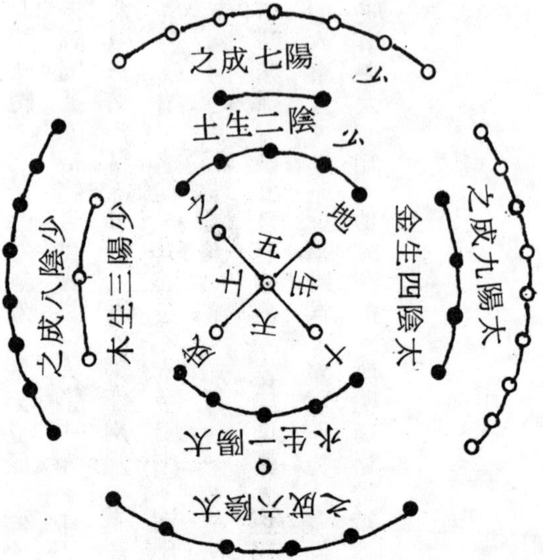

河圖圓，圓者，星也。紀歷之數兆於此。

洛書方，方者，土也。畫州井地之法仿於此。

一六在下，二七在上，三八居左，四九居右，五十歸中。天一生壬水，地六癸水成之。地二生丁火，天七丙火成之。天三生甲木，地八乙木成之，地四生辛金，天九庚金成之。天五生戊土，地十己土成之。水火木金土，先天之數也。一六同宗、二七同道、三八爲朋、四九爲友、五十同途，俱有五在內，蓋無土不成也，配先天之卦，對待生成之體也。

洛　書

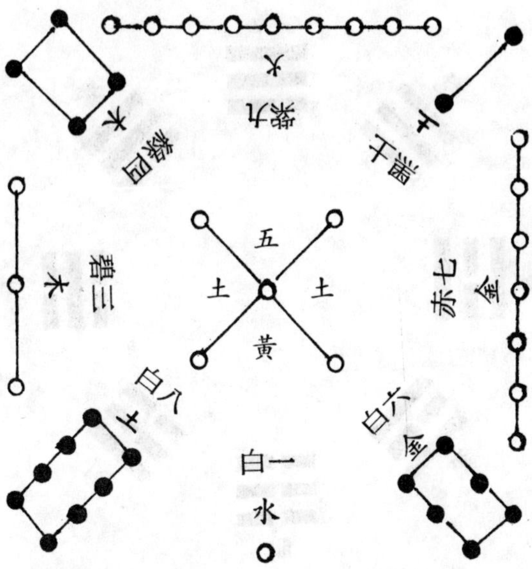

先儒咸以九爲圓，十爲書者，泥於數之奇圓偶方也，不知偶本圓而奇本方也。蓋河圖上下初分，未有四方，生成定位，一奇一偶，故數十而圓也。洛書中五立極，四極劃然，以一臨八，故數九而方也。西山蔡氏，得邵子眞傳，與朱子再三往復辯論，朱子五十一歲後始悟其旨，爲之改正。

戴九履一，左三右七，二四爲肩，六八爲足，五居中央。四正奇數，統四維偶數而各其所。一對九、二對八、三對七、四對六，連中五而各合十五。一得五爲六，與南方之九迭爲消長。四得五爲九，與西北之六迭爲消長。三得五爲八，與西方之七迭爲消長，二得五爲七，與東北之八迭爲消長，亦各合十五。故合十合五，流行消長之氣機，洛書配後天之卦爲入用之本。

天地定位，山澤通氣，雷風相薄，水火不相射。數往者順，知來者逆。自乾一、兌二、離三、震四爲順，自巽五、坎六、艮七、坤八爲逆。一對八合九、二對七合九、三對六合九、四對五合九，具陰陽摩盪之象。

伏羲以一劃成爻。爻者，交也。大始之氣，止有一陽。是名太陽⚊。太陽一交而成太陰⚋。是曰兩儀。太陰太陽再交而成少陰⚍、少陽⚎并太陰⚏、太陽⚌，是曰四象，此河圖之顯象也。四象三爻而成八卦，☰曰乾，☱曰兌、☲曰離、☳曰震、☴曰巽、☵曰坎、☶曰艮、☷曰坤。蓋河圖每方二數，析之則有八，此河圖之象隱而顯者也。故卦之八，由於四象；爻之三，由此三交。所謂一生二兮二生三，三生萬物者此也。

先天八卦圖

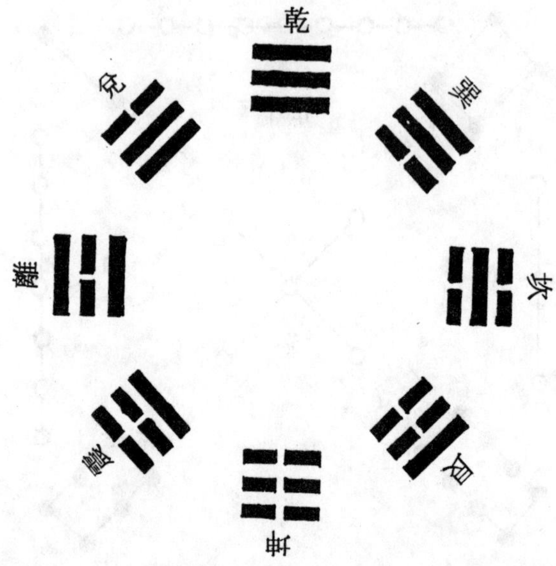

後天八卦圖

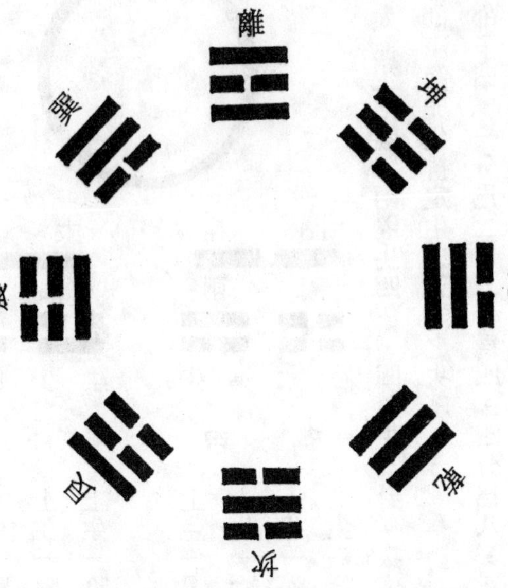

帝出乎震，齊乎巽，相見乎離，致役乎坤，說言乎兌，戰乎乾，勞乎坎，成言乎艮。四時流行，循環周徧，其始無始，其終無終之化機也。泥於方位，執定陰陽，便屬謬解。

昔者大禹治水，神龜出洛，文王因之作後天之卦。其次序曰坎一、坤二、震三、巽四、中五、乾六、兌七、艮八、離九，此四正四維，不易之定位也。數雖起一，而用實首震。蓋成位之後，少陽用事，先天主天，後天主日，元子繼體，代父爲政也。夫先天之卦，本乎河圖，以陰陽之對待者言，有彼此而無方隅。後天之卦，本乎洛書，以陰陽之流行者言，則有方隅矣。至其作卦之旨，要在於陰陽之互根則一也。

三生圖

太極生兩儀，兩儀生四象，四象生八卦。次序卦下：一、二、三、四、五、六、七、八之數，即邵康節先生排定生先天卦之次序。

邵子曰：一分爲二，二分爲四，四分爲八，八分爲十六，十六分爲三十二，三十二分爲六十四，猶根之有幹，幹之有枝。觀此圖說，即可知乾坤往來而生六子，六子往來而生六十四卦。

斗杓主運圖

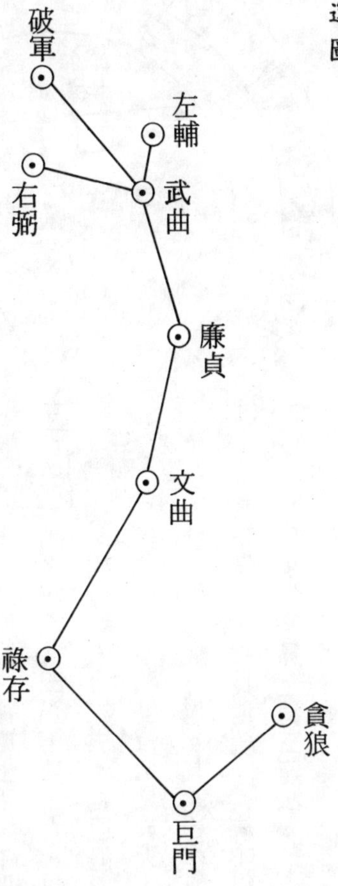

斗建幹旋天地，出政司令，化爲九氣，不行於地。四時萬物，由是而成。此挨星元運，九曜飛旋之源也。

天官書曰：天運三十年一小變，百年中變，五百年大變，三大變一紀，三紀而大備。爲國者必貴三五。黃帝問鬼臾區五運之主時，鬼臾區曰：臣積考太始天元册文，曰：太虛寥廓肇基化元，萬物資始，五運終天，布氣眞靈，總統坤元。九星懸朗，七曜周旋，曰陰曰陽，曰柔曰剛。幽顯既位，寒暑弛張，生生化化，品物咸章。臣斯十世，此之謂也。斗四星方形爲魁，三星直指爲杓，魁第一星曰天樞，去極二十三度半，入張九度。第二星曰天璇，去極三十度，入張十二度半。第三星曰天璣，去極三十度，入翼十三度。第四星曰天權，去極二十三度，入翼十七度。第五星曰玉衡，去極二十八度，入軫十二度半。第六星曰開陽，去極三十度，入角四度少。第七星曰搖光，去極三十五度，入角九度。又有一星四弼，在第七星右，不見。又一星曰輔，在第六星左，去極三十度，入角三度，常見，所以佐斗成功也。

斗綱三合圖

天官書曰：北斗七星，所謂琁璣玉衡，以齊七政，杓攜龍角，衡殷南斗，魁枕參首。用昏建者杓，杓自華以西南。夜半建者衡，衡殷中州河濟之間。平旦建者魁，魁海岱以東北也。角在辰，參在申，三合之中子爲正。子生於申，墓於辰，循環上下，午卯酉三處亦然，故謂之四正。四正不離三合，以杓辰魁申合在子，杓卯魁未合在亥，杓巳魁酉合在丑，杓午魁戌合在寅，斗星皆全見於天，故寅丑子亥爲天統，得爲歲首也。其餘杓申魁子，斗必入地，不全見，故爲地統。人統不得爲歲首，故以昏旦夜半變通之爲三建法。

元空撥砂盤

乾遇巽時為月窟，地逢雷起見天根，天根月窟閒來往，三十六宮都是春

青囊秘旨本元空，
三卦排來不相同，
生運立向龍必旺，
零神入堂定吉昌。
元空心法在河洛，
悟得先後元妙理，
扭轉乾坤百家春，
陰陽用來顛倒顛。
坎離相逢震巽生，
艮兌合時乾坤轉，
轉斗移星問天時，
天地造化一圖中。

撥砂盤其一

用於山法。

羅群著

現在歲差，起尾宿十度。訣曰：穴猶我也，砂猶人也。有我而後有人，知己而後知彼。故山以穴爲主，砂爲賓。賓主相對，貴乎有禮，方能有情。撥砂之法，以宿度論生尅，蓋少陰之精，在天則成星象，在地則成山形。形與象一氣貫通，此感彼應，猶列宿之拱辰極也。穴爲立極也，極無五行，以向度爲五行。向度定，而羣峯之分度始可定其生尅。生我爲生，比和爲旺，我尅爲財，我生爲洩，尅我爲殺。日月爲陰陽之精，五行無不包納，生主貴、旺主財富，兩旺同生，洩爲退敗，殺爲刑傷。其相兼之處，則生尅互推，以三合弔冲塡實之年月斷吉凶之應，五行俱喜得地，總不若卦氣當運爲得時，爲福有力。此卦氣，乃先天之卦氣，非後天卦氣也。

撥砂盤其二

內盤・兩儀圖。分生死。陰陽定交媾。

一盤。先天八卦，定體之用。

二盤。後天八卦，察流行之運氣。

三盤。十二地支，用於三合弔冲塡實之年月日，斷其吉凶。

四盤。二十四山，審龍定向，元空挨星定其吉凶。

五盤。二十四節氣，太陽過宮，爲造葬擇日之用。

六盤。先天六十四卦，山龍審運，用於穴中。

七盤。二十八宿度數，撥砂生尅定其吉凶。

元者爲氣，水者爲空，顛倒挨星定吉凶。

羅經眞解

羅經眞道有作在於前，自必有識在於後，前賢爲其作，固欲爲後世之所知，而後世亦未必爲眞知。世人欲識前賢之所作，亦未必眞知前賢之所作，其義何哉。蓋其中有僞法存焉，使有智者不能擇其眞，而愚者亦不能避其僞訣。近世以來，欲求一眞知羅經，然爲僞法俗術所惑，幾乎難之又難矣。自從郭璞先賢創造羅經，本在河圖以立其體，參合洛書以致其用。以先天爲對待，而老少陰陽配合奇偶而分經；以後天爲流行，且八卦之方位隨時運而立極。分三元推排六甲，要之天氣合地氣。推八卦輪九星，要之地盤以合天盤。二十四山本卦爻而定陰陽，其四十八局由山水而分順逆。三吉六秀本相隨左右，倘水流而一卦，二神相當。卦爻劈分爲三盤，倘穴坐一宮，分經細辨，收山出煞、審龍定穴，要子午一盤爲主持。推測天氣、分別陰陽，以壬癸兩盤爲運用。十二地支，年命所屬，用三合以弔照。若用二十八宿，歲差宜當辨明。用五行撥砂，總言之，原本三才而立極，用七星打刼法，其吉凶禍福，絲毫皆照也。自郭璞以後得傳其道者，先推楊、曾、吳、廖，皆得名滿於天下而傳之世人也。以後宋之司馬頭陀、元之耶律及南唐何令通、元末賴敬仙，亦得其聞此道，其名流傳而不朽，何其幸歟。然先賢口口秘傳，各隱秘其旨而不敢洩筆於書，致斯道難測識耳。明初幕講師得明此道，有著金口訣三篇。初篇談九星之行運，分開山水用法。中篇言地盤之棄取，其吉凶禍福自有應驗。下篇說龍運之長短，其經緯之妙用，亦分析於明詳，條理分清。則羅經秘旨，亦皆至幕講而始洩乎，而世人少用心悟也，終多不解矣，其道湮沒而不顯。

其後有蔣平階大鴻先賢，得無極冷謙眞傳，作辨正闢僞，傳述羅格。更著玉髓經、水龍經、以及天元五歌，其中分山水二龍，通明三才之理，又守諸賢之奧，地道不於此一振哉。次之清末周氏梅梁傳蕺山問答，元空大卦歌、玉成篇、寶符經等。余觀其書，作用盡善，奧旨皆全其則，想地理正統，意在斯乎。而且其談山水說羅經，毫無不融貫而透徹，斯道亦可顯明於世矣。但其語多洩機，人可悟識地理眞機。亦或有挾南車以強行其道者，皆屬暗中摸索，百無一是，不亦若指鹿爲馬，以僞爲眞也。

若論其三合，眞者以龍合向、向合水、水合三吉位之三合。而僞者則曰亥卯未、申子辰等三合也。論其雙山，眞者以一位起山水之雙局，而僞者則曰亥卯未配乾甲丁雙山也。若論其元空，眞者以天元得運之水爲元空，本無五行之一定。而僞者則曰大小元空，將二十四山分隸五行也。他如一行之遊年，九升之翻卦，皆得混雜挨星，其亂眞惑世爲尤甚，知者所不取也。

嗟乎！古來以僞亂眞之法，紛紛聚訟，何可勝道。茫茫宇宙豈無一人起而爲之抉擇哉？余得眞傳，以追究諸賢奧旨無不脗合，竊自幸得所知焉，使既知其眞，而仍不辨其僞，不惟辜負予心，亦何能告無罪於先賢耶。故將郭璞先賢所創制者，一一明告世人，以及夫諸行焉。且傳述者，指爲同歸，是不獨明先後一揆，道可遵行焉。且使前賢之所作者，成爲後人之眞知。後人之所知者，眞見前賢之所作，庶眞機有以耀於世，而僞法不得眩其奇矣。此二百餘年以來，少有發揮天機，探本討原以出之者也，孰謂蔣氏以後，猶易得傳人耶，又孰謂蔣氏後竟一無傳人耶。

蕺山問答

周梅梁著
羅群補傳

予在越遊蕺山，客有見予理氣元談，適遇於徵人社中，遂進而請於予。

曰：子之推明河洛，言皆如玉，妙義環生，固俗術所不覺也，將何以爲羅盤之用。

予曰：八卦從河洛而來，羅經自八卦而出，先天列盤上爲體，後天列盤上爲用。故四隅爲乾坤艮巽，四正爲子午卯酉，即坎離震兌也，理氣方位，惟特此以審之。

客曰：卦只有八宮，而盤分二十四位，又何以故。

予曰：昔聖王定都邑、建明堂、劃井田，祇用十二地支幷疇數九宮，而天干不與焉。蓋但以平地爲用，而無事於山法也。迨黃石青烏，發揮山法，經絡狹小，不比平洋之濶大，尤非九宮所能盡其用，故四正以干附，四隅以支附，戊己歸中爲立極，合成二十四位。實維卦體，至人秘寶也。然則盤中位數，既不減於三八之內，又無增於三八之外，豈山法須用三八之數耶。曰非謂然也。豈有先賢不本天象理數而妄增位數哉。其位本卦爻而定，以卦爻應天象也。一卦三爻，故一卦三山二十四位，適合爻數之三八，分十二陰爻十二陽爻以全其用，則四正四隅各有一陰一陽。且四正奇數，四隅偶數，奇偶相統，陰陽所以交相爲用也。蔣公云：三爻成象，位參干維，三八品配，道盡無遺也。

客曰：既定三八之位，則理氣方位之用，殆有綱領條目歟。

予曰：立天地之道，成三才之用，吉凶禍福、生旺衰死，皆由此定，誠哉其有綱領條目也。其取義在卦爻之天人地，故子一、午二、卯三、酉四、乾六、巽七、艮八、坤九，其數居八卦之上爻，取義象天，故爲天元父母主運卦也。寅一、申二、巳三、亥四、乙六、辛七、丁八、癸九，其數居八卦之中爻，取義象八，故爲人元子息輔佐卦也。辰一、戌二、未三、丑四、丙六、壬七、庚八、甲九，其數居八卦之下爻，取義象地，故爲地元子息輔佐卦也。所謂有一爻即有三爻，有一卦卽有三卦，此元空大卦生成之理，無不可以審龍定穴，收山出煞之妙用矣。天元父母也，綱領也。地元與人元，子息也，條目也。且人元爲天元順子，與父母同行。地元爲天元逆子，與父母不同行也，此中大有作用，而非若四經五行之所謂子母公孫也。

客曰：洵如子言，則山法與水法，其用同乎？

曰：此陰陽之大總持，而山水之作用無有不同者也，特格法稍有異耳。平洋惟領取八方之氣，大約不出一卦三山之內，而格以清，以其勢大脈濶也。若山岡經絡縱橫，條理煩細，則一卦三山之內，大有分辨。若稍犯差錯，吉凶天淵也。

客曰：山有山格，水有水格，固已。而山水之可用不可用，從何而知？又從何着手乎？

曰：善哉問。切哉問。此固有運焉，若不知運，雖智過千夫，讀破萬卷，探討三卦九宮，終屬暗中摸索，衰旺不明，吉凶無定焉。平洋格法，須依洛書大數，只取天心正運。而三元六甲，尤須排清。若用五行，更要顚倒。古人云：「識得五行顚倒顚，便是大羅仙。」楊公云：「顚顚倒，二十四山有珠寶。」假如正運在坎，而反以離爲用；正運在坤，而反以艮爲用，卽顚倒也。故平洋水運，專取後天爲地理入用之本。緣水法後天人成，變易無常也。若山法本先天生成，終古如斯，須用先天卦運，以邵子節氣圓圖爲用。始地雷復卦，向左順行。如震雷爲統運，坤地爲主運，今值雷地豫卦二十二年矣。若運既知，格法宜詳，如先天震到後天震，或後天坤到先天坤，先後一氣，清純不雜，乃爲上格。卽幕師所謂山中龍配穴是也。或格法之兼左兼右，用三卦陰陽以審之，方爲的也。此先天卦運，以山龍正結言之也。如流神砂，瀉峽結套總諸小結，則仍用以三元之運，特四正與水龍相反耳。果知山運水運，則玩山觀水，確有主張，應不以羅盤爲虛器也。

客曰：吾於羅格之理，既得聞其詳矣。卽山水二運，亦無星礙矣，而猶未知年運之長短若何，起法又若何，敢請？

曰：水運以六甲紀年，依三元而排之。假如坎一正運，排年起於甲子，終於癸未，二十年也。坤二正運，排年起於甲申，終於癸卯，二十年也。震三正運，排年起於甲辰，終於癸亥，亦二十年也。此三卦一元，六甲已週矣。且更有一說，排年從先天卦爻爲準，陽爻九年，陰爻六年。假如坎一當運，坎之先天坤，坤三爻皆陰。三六一十八年。坤二當運。坤之先天巽，巽三爻二陽一陰，計二十四年。震三當運，震之先天離，離三爻亦二陽一陰，計二十四年。若排完卦爻年數，亦合一百八十年。此以言乎水運也。若論山龍排年，必本邵子先天節氣圓圖。二分二至四立爲八節，其餘爲一十六氣。八節各管兩卦，十六氣各管三卦，八節所管之卦，每卦計九十年。十六氣所管之卦，每卦計六十年。假如震卦統運，起於復而終於无妄，復爲冬至，九十年，无妄爲立春，亦九十年也。其中二氣六卦各六十年一節，八卦統計五百四十年矣。又如震卦統運，而復卦主運地雷復，地乃坤也，震雷雖統運，而主運則在于坤也。卽如今山運正値雷地豫卦當運，坤地雖統運，而主運則在于震雷。豫爲小雪卦分，但計六十年，如今太歲乙卯，吾故曰値豫卦二十二年矣。若排年以甲子起復卦，逐卦排算其年乃得。吾謂八節之卦九十年，十六氣之卦六十年何也？蓋八節卦之主運者，非天卽地也。十六氣主運之卦，惟山水風雷火澤而已。以天地用九，山水風雷火澤惟用六也。且用九用六本乎易，而陽爻用九，陰爻用六，此八節屬陽，而十六氣屬陰，復何疑乎。今之時師，排年悉本三元，而不知山水之分。若有排山年運，不本三元，而惟曰從先天來者，人皆以爲異也。所以賴化催官，至今罕有識者，而不知賴公宋末元初人也。山龍大運，雷山小過主局，先天艮卦統局，所以亥爲天皇，先天艮也。艮爲天市，先天震也，且其時山龍小運，正在七赤，四正反用，震卦主運。然震納庚，與兌同宮並旺，兌亦當令也。故曰少微轉巽還少微，人財昌熾官職卑，太乙少微復太乙，亦主文章特彩筆。少微兌也、太乙巽也，後天之巽，卽先天之兌，故催官一篇以震艮兌巽四卦爲用，賴氏所以遠過人也。而吾謂山運之本乎先天，汝亦可以恍然悟矣。

客曰：格山格水，分別元運，子之惠教吾者明且詳矣。而於正中縫三針，其用將何以分別也？

予曰：自來聖賢創制，只用子午正針，並無中縫兩針之說。何令通曰：地以八方正位，定坤道之權輿，故以正子正午爲地盤，居內以應地之實。蔣杜陵云：既無兼向預先傳，必不偏斜定針位，勸君只言子午針，莫說縫針誤來世。蔣公闢中縫針之謬，取正子午一盤定向者，蓋中五立極，臨制八方也。然中縫二針之誤，其來有由。緣俗術但用四經三合、八曜黃泉，而於楊盤三大卦之理，曾未夢見，故不明挨左爲天人兩卦可兼之用，是以僞造退後半位一盤，名爲縫針，不明地卦爲獨用，又僞造進前半位一盤，名爲中針，不知正針一盤卽楊公之所用。楊公盤式中，並無中縫兩針，其僞可知。故收山出煞，審龍定向，皆以正針爲主，愼毋惑於中縫之僞說也。

客曰：正針之用，既聞命矣，而有所謂天盤立向者，非縫針歟。

予曰：非縫針也，所謂天盤立向，是就天運生旺衰死之卦位，以收水立向也。司馬頭陀云：天盤立向人皆棄，三合元空訣亦遺。知天盤實非縫針也。且云：三合元空，非生旺墓之三合，丙丁乙酉屬火之元空，乃合五合十之眞三合，元氣默運，滴水成胎之眞元空也。

客曰：子云三合，既非時師之生旺墓，則列十二地支於盤中，其用奈何。

予曰：此十二地支，卽十二分野，爲太陽躔度之次舍。且用之於山水二穴，生克互推，以太歲三合，沖弔塡實之年月斷吉凶之應。蓋謂其年建月建氣運流行也。楊公云：但看太歲是何神，立地見分明。成敗定斷何公位，三合年中是也。

客曰：羅盤上二十八天星，并周天度數。環列於外，又何以爲用也。

予曰：此堪輿穴法也。古有三百六十度天星穴法，乃顓頊歷術也。冬至子中起危初，用星用度列於羅經也。夫地理原本天星，斗建歲差，本無定體。斗建既移，天星安得不變？故賴氏亦用天星格龍，其時以亥爲天皇，今則非也。且云冬至起危初，實在唐堯前日度，而非今日躔之度也。今猶言虛危之間定針路，南方張度上三乘，緣歷家不知歲差故也。今日躔冬至子之半，起古赤道尾宿十八度。較之堯時，已移易五宿，相隔六十餘度矣。將十二舍每舍分定三十度，以察日躔過宮之淺深。十二舍爲月建，向左順行，冬至子中，起尾十八爲日躔。日躔向右逆行，故蔣盤排定節氣，從右逆轉，以便造葬者按太陽到何宮何度何節何氣也。

客於是起而揖曰：予亦嘗遊玩山水，所逢地師不可勝計。予屢請其言，從未聞如此說也。今適遇子，幸不棄子將羅經全理傾囊倒篋以出之，披肝露胆以示之，可謂知人之所不能知，道人之所不能道，誠哉觀止矣。予因實其心而囑之曰：異端蠭起，邪說縱橫，尙有守先賢之正道，辨山水之異用，元運天度考據精詳，不爲邪術所惑者乎。然而其人亦罕矣，汝其愼之。

卷二

三統三合圖

圖本
嵩山道人

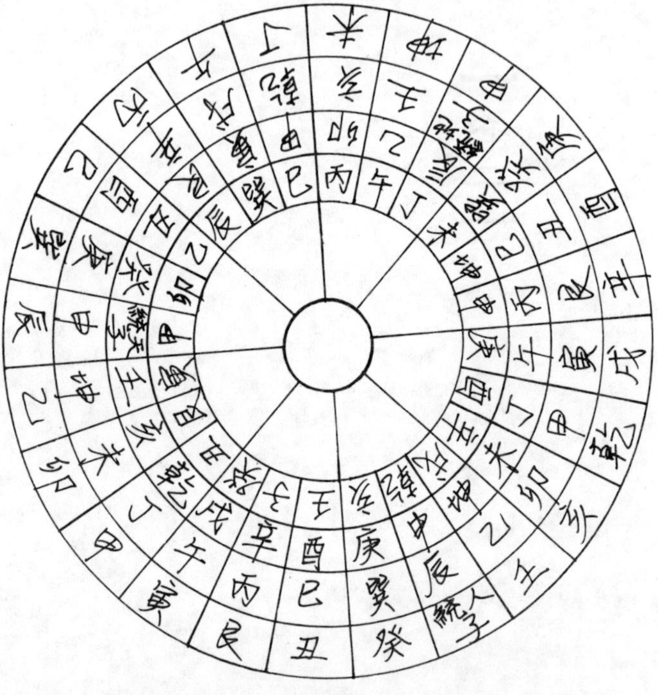

即歲差分金也。現在人統第三建，斗杓入戌，偏西三度，爲歲差所在也。

天統第一建

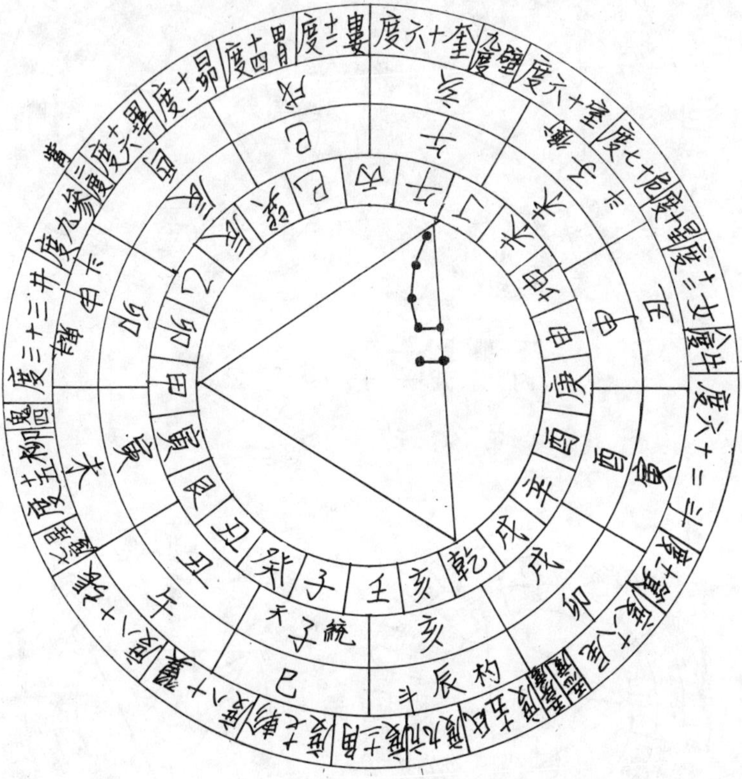

天統第二建

天統第一建

下盤地一子　　人
內盤天一子　子→盤中

天統第四建

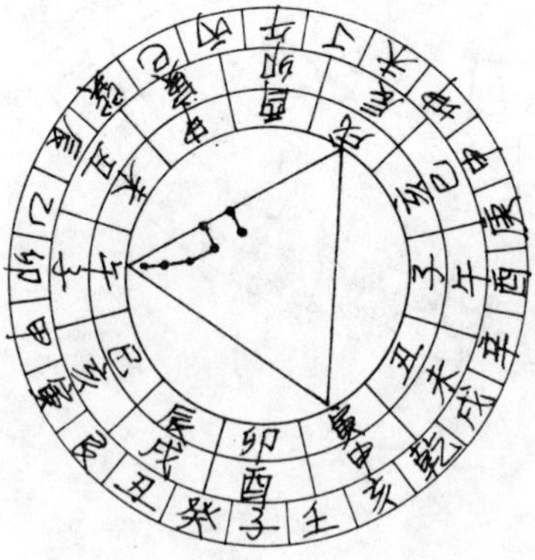

天統第三建

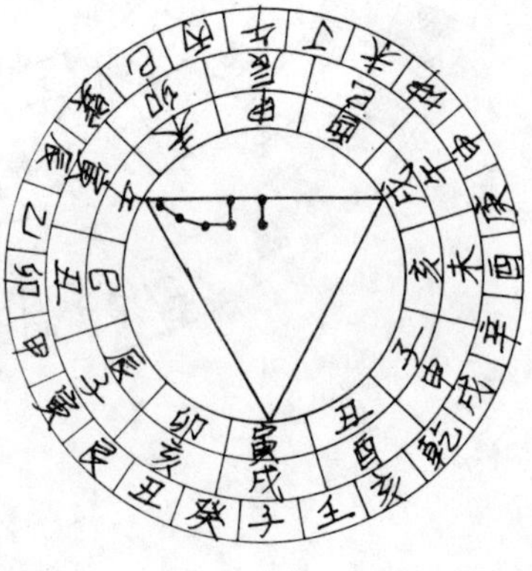

地統第一建

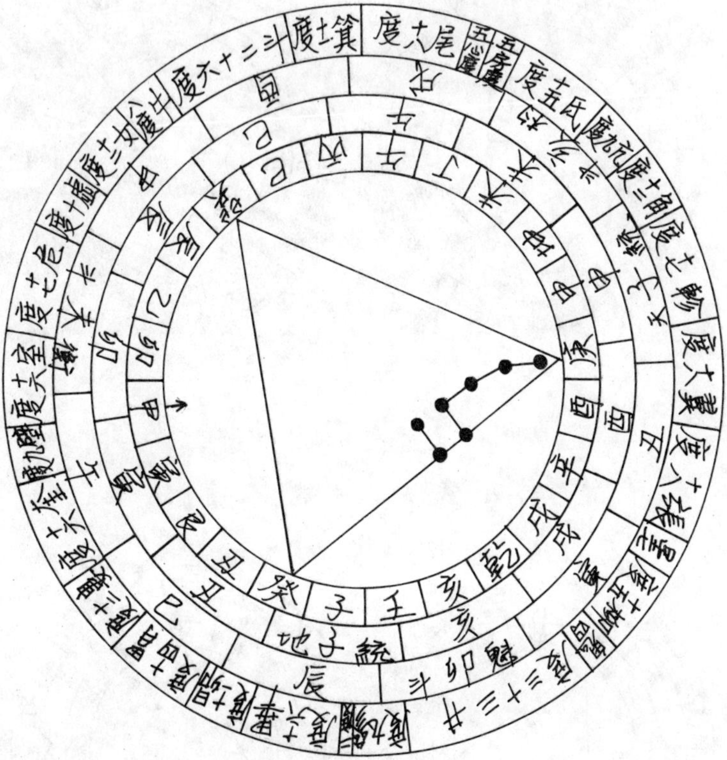

地統第一建

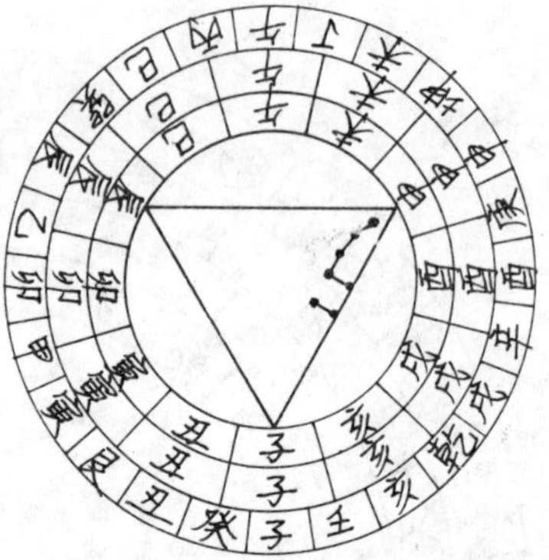

地統第二建

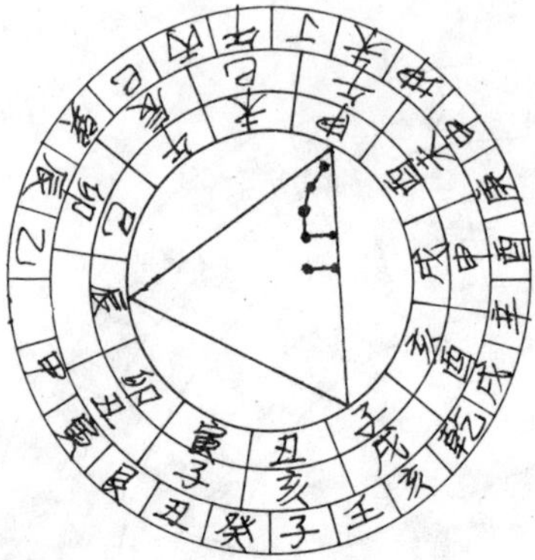

地統第三建

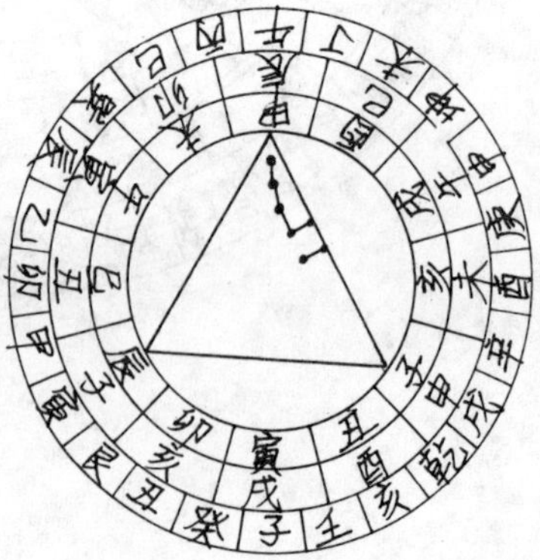

地統第四建

人統第一建

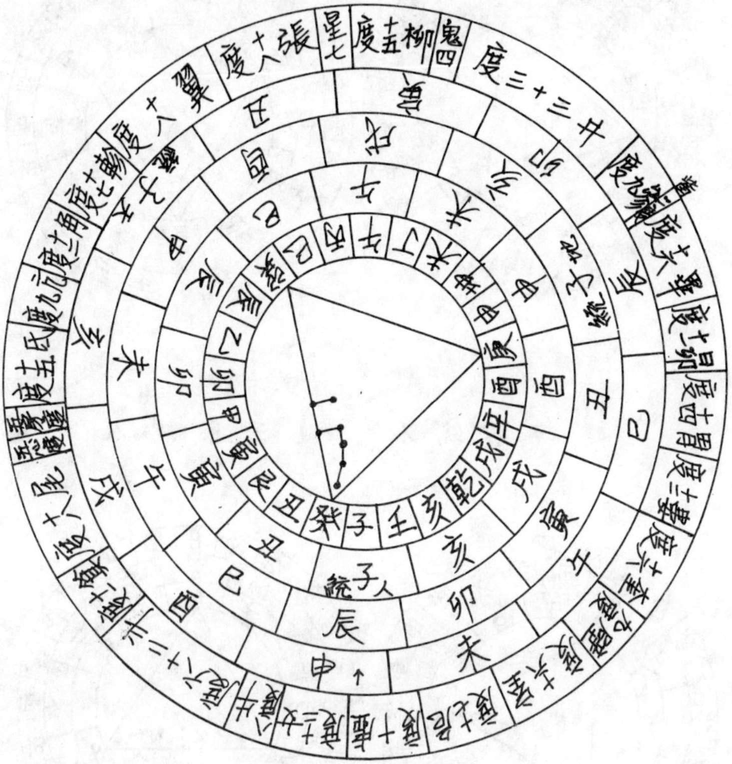

人統第一建

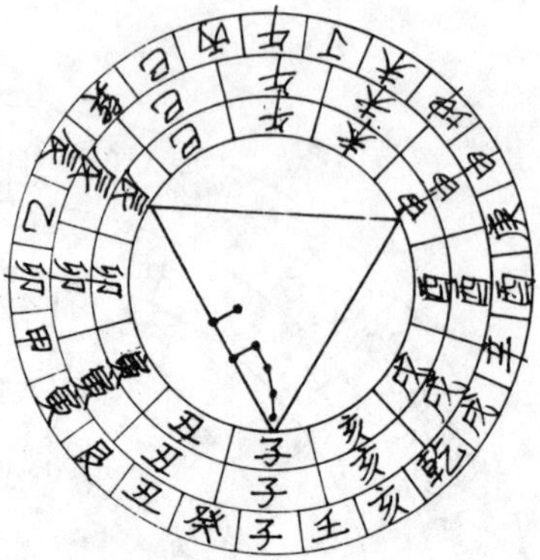

人統第二建

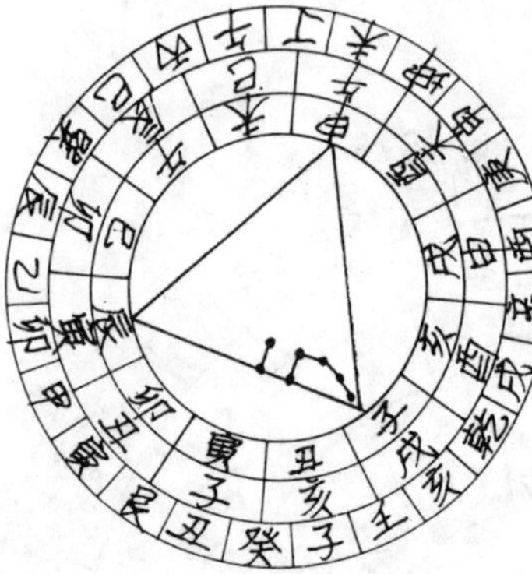

人統第三建

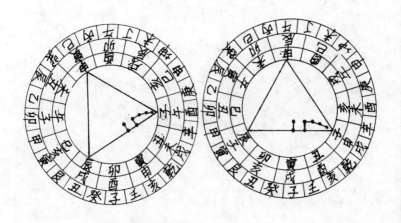

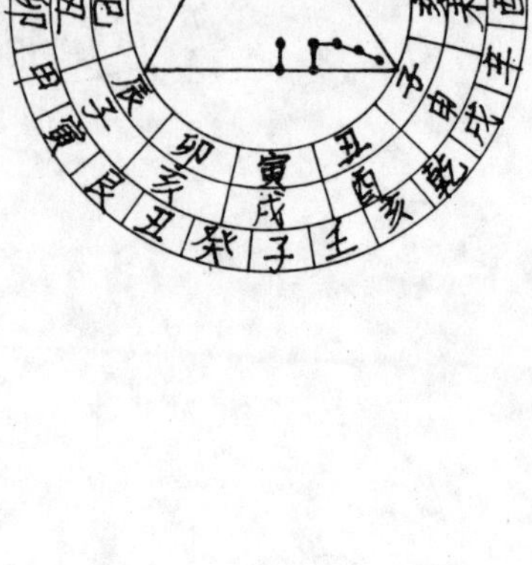

人統第四建

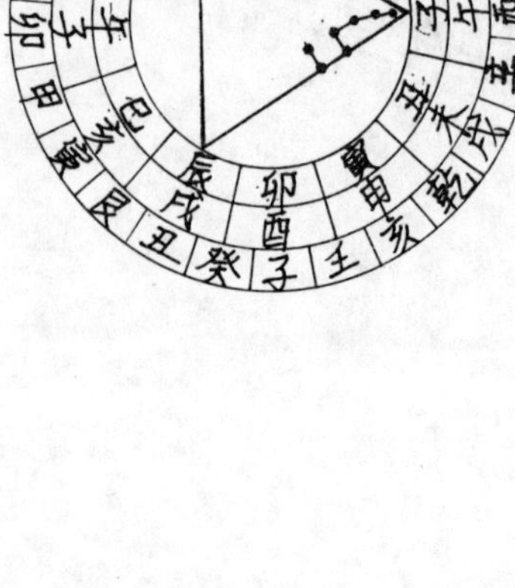

天元甲子，夜半冬至日躔軫九之初，即太陽在子宮。其上直斗之玉衡，故曰夜半建者衡，乃天元之象。自軫九右行三十度，得亢末氐初，即斗杓所在入亥中，其上直攝提天門之下。帝座向亥，故亥爲天門，先天易乾卦起亥，十二支起子終亥。値年禽星，起氐終亢，皆從天門帝座左右分命所始，乃天皇氏天統之始也。自此左旋右差，凡千八百八十七年，而斗建退一宮（此以365度計算22,644÷3＝7,548÷4＝1,887年），仲冬建子，而亥、而戌、而酉，則孟春建寅，而丑、而子、而亥，凡七千五百六十年，而歷四建爲一統，則斗衡將入申矣。初爲天統、次爲地統，斗衡在申，則斗魁在酉。夜半斗魁在酉，則平旦斗魁又在子，故曰平旦建者魁，乃地統之象，於時夜半，星張在酉，虛危在卯，房心在午，畢昴在子，乃以列宿所値分野，則星張爲周、虛危爲齊、房心爲宋、畢昴爲趙，帝座向申，申爲地戶，中天易歸藏起坤，萬物皆傳送于坤，此爲地皇氏所以理治也。自此又七千五百六十年，而歷四建終一統，則斗魁又入申矣。平旦斗魁入申，則黃昏斗杓又當入子矣，故曰黃昏建者杓，乃人統之象。于時夜半，斗牛女虛在北，鬼抑星張在南，以制禽之法爲司祿司命，而帝座向卯，卯爲人戶，後天易。帝出乎震，萬物皆茂於震，此人皇氏所以理治也。三統各理一治，而其象皆定於天元之夜半，是以天元爲三皇出治之始。三統凡二萬二千六百四十六年爲一運，而星度復初，理與數相符，萬古不變，皆實有可據者。現在歲差冬至子之半，日在箕一，較之堯時冬至子之半，日在虛七，已移易五宿，相隔六十四度。堯時之子午，至今已爲戌辰。三代以前之寅午戌局，至今已爲申子辰矣。以無定之天，配一定之地而向立焉，是爲大元運。蓋地氣以順爲用，因斗綱有杓衡魁三星弔合三方，故測地之卦氣。先天五行爲定體，一方爲來脈，一方爲出脈，一方爲胎息，此眞正三合也，豈世俗所傳生旺墓之爲三合哉。

天統。冬至日躔軫八度一，就整斗衡在軫八度，正値子之中，故爲仲冬月建子，月建左旋，則孟春宜建寅矣。故曰夜半建者衡。

地統。冬至日躔畢八度三，距魁在星初六十二度，平旦畢宿入卯初，則魁首正値子中，又爲仲冬建子，孟春平旦又建寅矣。故曰平旦建者魁。

人統。冬至日躔女三度六，距杓在亢四，九十六度。黃昏女三入酉中，則杓星正値子中，又爲仲冬建子，孟春黃昏又建寅矣。故曰黃昏建者杓。

地理原本天星，斗建既移，天星安得不變。以上天無定之星體，配大地有定之方隅，此即大元運，大三合也。

論歲差所由來

上古有上元太初曆，故曰黃帝調曆，皆以建寅爲正。唐堯授命，卽先命羲和作曆，故首重羲和之寅餞。堯典云：「日短星昴，以正仲冬」等語，羲和遂作八風圖，此時冬至子之半，日躔起虛宿七度，故八風圖虛宿下，獨有日南至，卽冬至之日躔也。舜典云：「璇璣玉衡，以齊七政。」惟以斗柄實指之位爲建，與龍門天官書斗綱三合相同，故有三統四建法，厥後胤征小正，周書周月時訓月令等篇，皆有天象定數，各各不同，皆足以明歲差之變。而無如有其文，無有其法，則由有扈怠棄。羲和顚覆之餘，古法淪亡也。是以紂失甲子，箕子不能知，厲幽之亂，故府典章，盡入於中楚晉鄭，疇人子弟，分散列國。故春秋失閏至再，實爲幽王六年乃失曆之始也。況中土自秦火散失，漢人亂法，羲和眞象，有流傳外國天竺者。故西洋之法，實得堯典中星之制。

中國自平王東遷，厲幽至秦，歷法爲之一亂。漢有司馬遷，稱爲博雅，爲龍門天官史氏，名漢書太初曆。其用八風圖斗綱三合，實與堯典中星、舜典璇璣玉衡同法，此時非無歲差之辨，而辨之不眞，故曰漢人不知歲差也。至後賈逵始覺有歲差，故曰改更先矩求度數，取合日月星辰所在，始用黃道度，而歲差以七十六年退一度斷之。及宋范陽祖冲之上言，何承天曆法，冬至日有定處，此乃歲差有法之始。此時雖有議而不果行。至梁武帝時，冲之子祖暅，秦其父冲之考古法爲正曆，始行冲之太明曆。唐有東都道士傅仁均，善推步之學。與臾儉丞傳奕參議辨論差法，始知命度起虛六，實與西法同也。

有唐僧一行，張公謹之孫武三思，以其名重，欲結納之，乃隱於僧梵避焉。其駁李仁風王孝通之謬，討論經傳，惜差法尚有未眞。至宋史沈括，論斗建有歲差。古者正月斗杓建寅，今則正月建丑，堯典日短星昴，今乃日短星壁，皆隨歲差移也，因定七十九年而退一度，故曰須大改曆法，事事釐正，其論最得理矣。迨前明嘉靖間，太常華湘定爲虛七度，今以竹書紀年，與堯典中星考之華湘之法，誠不謬也。今大淸徐圃臣，得嵩山道人正傳，本天地人三正、堯典中星、律書八風圖、竹書紀年等書，定爲六十二年而退一度，歲差之眞得矣。天竺法云：宮分無係於宿，宿度不屬於宮，卽湯道未所謂「宮定而宿不定」，實古法也，實開萬古羣蒙也。天竺法、湯道未、徐圃臣三者，得差法之眞而爲千古定論也，然原其法本斗綱三合，天地人三統，每統俱有四建，卽斗差也。

如天統四建：

第一建。仲冬斗衡建子。季冬斗衡建丑。孟春斗衡建寅。

第二建。仲冬斗衡建亥。季冬斗衡建子。孟春斗衡建丑。

第三建。仲冬斗衡建戌。季冬斗衡建亥。孟春斗衡建子。

第四建。仲冬斗衡建酉。季冬斗衡建戌。孟春斗衡建亥。

此天統之夜半建。卽律書云。夜半建者衡是也。

如地統四建：

第一建。仲冬斗魁建子。季冬斗魁建丑。孟春斗魁建寅。

第二建。仲冬斗魁建亥。季冬斗魁建子。孟春斗魁建丑。

第三建。仲冬斗魁建戌。季冬斗魁建亥。孟春斗魁建子。

第四建。仲冬斗魁建酉。季冬斗魁建戌。孟春斗魁建亥。

此地統之平旦建。卽律書曰。平旦建者魁是也。

如人統四建：

第一建。仲冬斗杓建子。季冬斗杓建丑。孟春斗杓建寅。

第二建。仲冬斗杓建亥。季冬斗杓建子。孟春斗杓建丑。

第三建。仲冬斗杓建戌。季冬斗杓建亥。孟春斗杓建子。

第四建。仲冬斗杓建酉。季冬斗杓建戌。孟春斗杓建亥。

此人統之黃昏建，卽律書所云黃昏建者杓是也。

然則三統皆以子亥戌酉同爲仲冬之初建，何也？緣地十二支，以斗綱三星各歷四位，三四十二也。斗綱三星，各從地支逆轉，如天統斗衡，仲冬建子亥戌酉，酉盡將入申矣。然申不得爲歲首，正以地統斗魁值子，卽以斗魁仲冬建子初起也。人統亦然。子亥戌酉，同爲仲冬之建，足見月分不改也。而衡、魁、杓三星輪當者，可知時運升降也。故圃臣云：建可移而月不可移，正朔可改而時令必不可改，原有歲差之理在。夫三統四建，帝王受命，固用以改正朔也。如時運至今，天地二統，幾過四千年矣。姑置而不論，惟人統得唐堯元年前一歲己卯正月爲人統之始，第一建斗杓建子末，季冬建丑末，孟春建寅末。

緣支宮節氣，爲地盤不動，惟古赤道宿度，爲天星轉動。堯時斗杓仲冬建子，正値赤道虛宿七度，堯典曰：「日短星昴，以正仲冬。」言赤道西方之昴宿，爲冬至初昏之中星也。故范紫登曰：「冬至日在虛初昏，且正仲冬，卽冬至也。」正以冬至子之半，日躔起虛七，則歲差以六十二年退一度。宿度換，而以冬至子之半起日躔，終古不換也。蓋十二支辰，每宮以三十度零四三八二一一五分布，以差六十二年乘之，得一千八百八十七年零以終一宮之度數，應右退而入次宮，凡歷四宮統計七千五百四十八年，爲一統之終，謂之四建（每建1,887年×4建＝7548×3統＝22644÷365¼＝62退一度）。

堯時仲冬斗杓建子，歷一千八百八十七年，得周赧王五十六年壬寅歲之正月，入人統第二建。仲冬黃昏斗杓建亥末，季冬子末，孟春建丑末，再歷一千八百八十七年，得明崇正三年庚午歲之正月入人統第三建。仲冬黃昏斗杓建戌末，季冬建亥末，孟春建子末，自崇正至今民國八十二年癸酉歲，只得三百四十五年，猶在人統第三建。現在歲差冬至子之半，日在尾十六度半，較之堯時冬至子之半，日在虛七，已移六宿，相隔六十六度半，堯時之子午，至今已爲戌辰，三代前之寅午戌局，至今而已爲申子辰局矣。況歲差以六十二年退一度，則以一百六十一分二十九秒差一歲，故曰歲差。一年二十四炁，卽以六分七十二秒一炁，（以161．29÷24＝6．720417）故曰炁差。差法既定，卽冬至限起日躔亦從可知矣。

凡斗綱三合，三統三合，堯典中星，律書八風，赤道宿度等法，皆足以明歲差之理，此嵩山道人既不欺圃臣，而圃臣豈欺我哉！是以知歲差之所由來也。但此篇推論歲差之理，明白曉暢，較圃臣更覺醒豁，後有爲天官史氏并學堪輿者，應不以予言爲河漢矣。

此時大三合爲申子辰局，今咸豐六年丙辰距明光宗二百三十七年，斗杓入戌二十七度，正月仍舊建子，故曰今時之三統三合，爲申子辰局也。然則何爲三統三合也？曰：唐堯正月人統斗杓在寅，卽地統斗魁在戌，天統斗衡在午，三方弔合，故爲三統三合之寅午戌也。迨秦始皇以後，正月人統斗杓在丑，卽地統斗魁在酉，天統斗衡在巳，三方弔合，故爲三統三合之巳酉丑也。自明光宗以來，正月人統斗杓在子，卽地統斗魁在申，天統斗衡在辰，三方弔合，故爲三統三合之申子辰也。現在大運申子辰當局，越一千六百二十三年，必爲亥卯未局矣。

夫以無定之天，配一定之地而向立，是爲大元運。蓋地氣以順天爲用，因斗綱有杓衡魁三星弔合三方，故測地之卦氣，先天五行爲定體，一方爲來脈，一方爲出脈，一方爲胎息，此眞正三合也，豈俗術所傳之生旺墓之爲三合哉。

歲差由來論證

天 365 ¼ 赤道度爲 365•9125　　365•9125
地 360 經緯爲 360　　　　　　　−360
　　　　　　　　　　　　　　　差度爲 5•9125

赤道差經緯度差得 5•9 就整要知歲差用 365•9 ÷ 5•9 ＝得 62 年爲歲差點就整則以 62 年爲退一度爲準計算

算每建歲數以 365•9125 ÷ 12 建＝得 30•49 就整，每建宮度 30•49 × 62 年退一度＝得 1,890 年每建 1890 × 4 建＝得 7,560 爲一統 × 3 統＝則三統得 22,680 年爲一週天，而星度復初

週天配甲子計算以 22•680 ÷ 60 ＝得 378 甲子分三統 378 ÷ 3 ＝得 126 甲子爲一統 ÷ 4 建 ＝ 31•5 甲子爲一建 × 60 年＝得 1,890 年 × 4 建＝得 7,560 × 3 統＝得 22,680 年爲一週天是也

其法本斗綱三合，天地人三統，每統俱有四建，三乘四爲十二建。以赤道度三六五¼分配十二建星，則每建星得有三〇．四九分度爲一宮，以六十二年退一度計算，則每建得有一千八百九十年。而四建爲一統，則每統得有七千五百六十年，而三統計共二萬二千六百八十年，爲一週天矣。若用一週天配六甲計算，則一週天得有三百七十八甲子，分配三統，每統得有一百二十六甲子。而分配四建，每建得有三十一甲子半，且每甲子有

六十年（31•5×60＝1，890年。卽每建有1，890年×4建＝7，560年爲一統×3統＝得有22，680年爲一週天矣）。

然以三統配甲子而言，則每統定配甲子年而行運，此爲千古不變之則。如天統，曰天元甲子，夜半冬至在子，卽太陽在子宮之中，其上直斗之玉衡，故曰夜半建者衡，乃天元之象，天皇氏之始也。自此左旋右差，歷一千八百九十年，（卽三十一甲子半）而斗建退一宮，卽當年甲午年正月退入亥宮，爲第二建。再歷一千八百九十年（三十一甲子半），卽當年甲子年正月退入戌宮，爲第三建。再歷一千八百九十年（三十一甲子半），卽當甲午退入酉宮，爲第四建。再歷一千八百九十年（三十一甲子半），終天統四建矣，卽當年甲子正月退入申宮，爲地統，曰地皇氏始治。天統，則孟春建寅、而丑、而子、而亥，凡七千五百六十年，而歷四建爲一統，則斗衡將入申矣。

初爲天統，次爲地統，斗衡在申，則斗魁在酉。夜半斗魁在酉，則平旦斗魁又在子，故曰平旦建者魁，乃地統之象。於時夜半，星張在酉、虛危在卯、房心在午、畢昴在子，此地皇氏所以理治也。自此又經七千五百六十年，一百二十六甲子，而歷四建終一統，則斗魁又入申矣。

平旦斗魁入申，則黃昏斗杓又當入子矣，故曰黃昏建者杓，乃人統之象。于時夜半，斗牛女虛在北，井鬼柳星張在南，以制禽之法爲司祿司命。而帝座向卯，卯爲人戶，後天易：「帝出乎震」，萬物皆茂於震，此人皇氏所以理治也。三統多理一治，而其象皆定於天元之夜半，是以天元爲三皇出治之始。三統凡二萬二千六百八十年爲一運，而星度復初，理與數相符，萬古不變，皆實有可據矣。

時運至今，天地二統輪值已過一萬五千一百二十年，二百五十二甲子矣，而人統起自唐堯之間，今言人統可也。自唐堯在位二十年。卽西元前二千三百三十七年甲子歲。若以黃帝元年起甲子計算爲第七甲子矣。亦卽舜生之年矣。進入人統第一建。仲冬斗杓建子。歷一千八百九十年。三十一甲子半進入人統第二建。卽西元前四百四十七年。得周定王二十二年甲午歲。正月入人統第二建。仲冬黃昏斗杓建亥。季冬建子末。孟春建丑末。再歷一千八百九十年。三十一甲子半。終第二建矣。在西元一千四百四十四年。得明・正統九年・甲子歲正月進入人統第三建。仲冬黃昏斗杓建戌末。季冬建亥末。孟春建子末矣。自明正統至今民國八十二年，只得五百四十九年。猶在人統第三建。現在歲差多至子之半。日躔尾十度零一八度。較之堯時多至子之半，日在虛七度，已移六宿，相隔六十九點八二二五八分度矣。以（４３２９度÷６２＝得有６９・８２２５８分度）堯時之子午，卽今已爲戌辰矣。

三統三合圖配古赤道度——今多至子之半起起赤道尾十度

沈存曰：二十八宿度數，皆當以赤道爲法。
徐圃臣曰：民間尅擇造葬最重太陽過宮，自當以赤道爲準。

三統三合圖

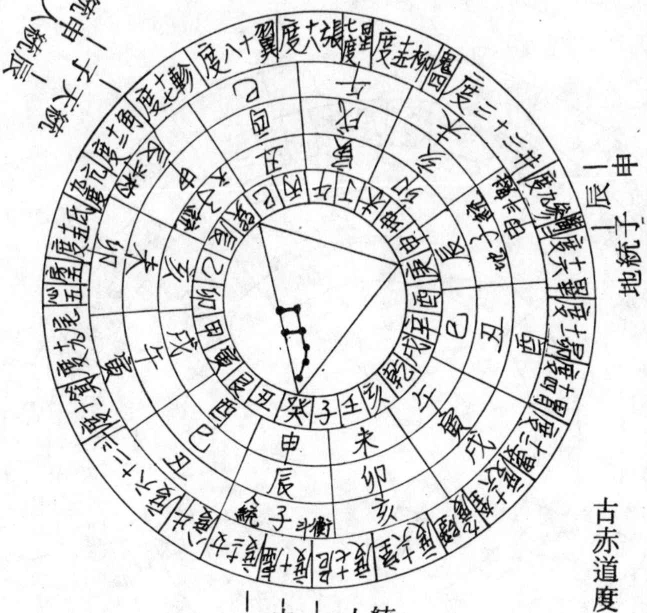

古赤道度

角十二度	亢九度	氐十五度
房五度	心五度	尾十九度
箕十一度	斗廿六度	牛八度
女十二度	虛十度	危十七度
室十六度	壁九度	奎十六度
婁十二度	胃十四度	昴十一度
畢十六度	觜二度	參九度
井卅三度	鬼四度	柳十五度
星七度	張十八度	翼十八度
軫十七度	共366度	就整
尾多0·0875	365¼度＝	365·9125度
天統	地統	人統
冬至日躔角九度	冬至日躔參七度	冬至日躔虛七度

人統第一建

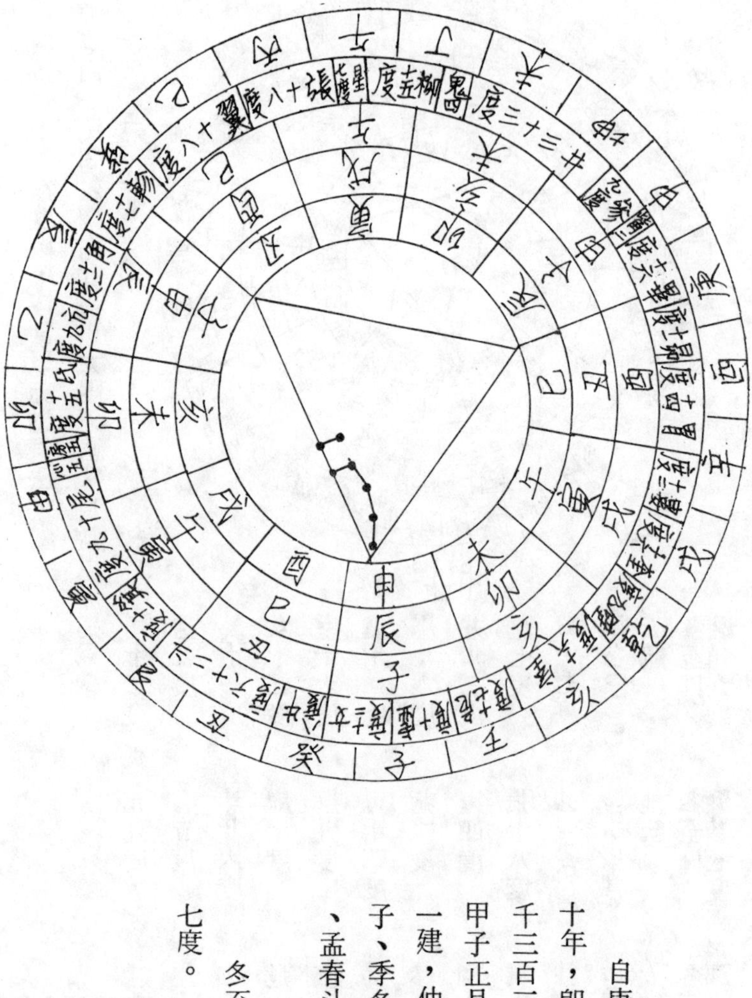

自唐堯在位二十年，即西元前二千三百三十七年則甲子正月入人統第一建，仲冬斗杓建子、季冬斗杓建丑、孟春斗杓建寅。

冬至子半在虛七度。

人統第二建

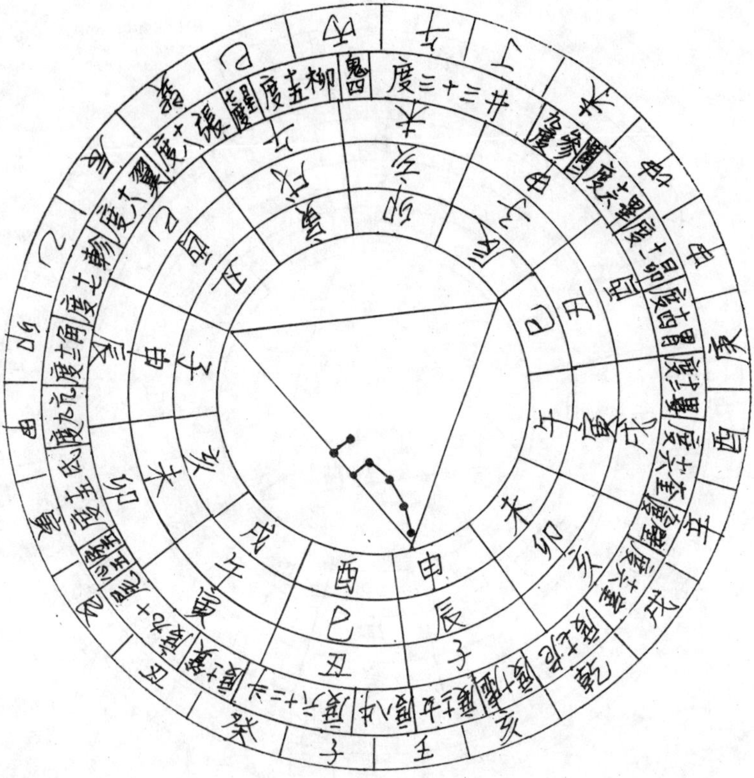

西元前四百四十七年，得周定王在位二十二年，甲子正月入人統第二建，仲冬斗杓建亥末、季冬斗杓建子末、孟春斗杓建丑末。

冬至子半在斗十九度。

人統第三建

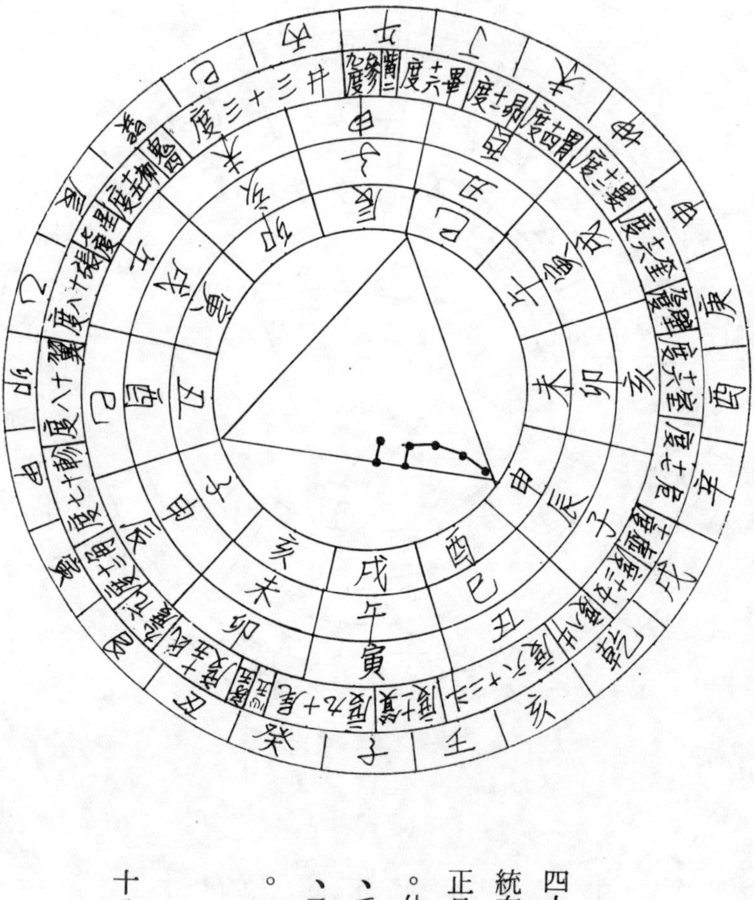

西元一千四百四十四年，得明正統在位九年，甲子正月入人統第三建。仲冬斗杓建戌末、季冬斗杓建亥末、孟春斗杓建子末。

冬至子半在尾十八度。

人統第三建今日歲差在尾十度

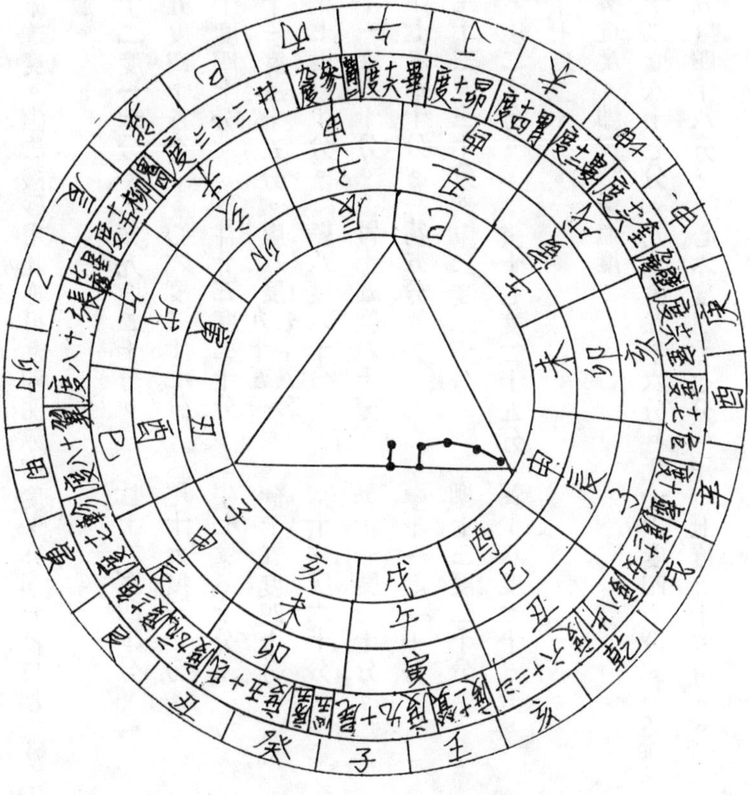

自明正統至今只得五百四十九年，猶在人統第三建，現在歲差冬至子之半，日躔在尾十度。

今赤道度。山法撥砂用此亦可。卽明赤道度，亦卽元授時都燕法，徐圃臣曰諸星距度皆準，授時赤道。

角十二度一十分。　亢九度二十分。　氐十六度四十分。
房五度四十八分。　心六度二十七分。　尾十九度一十分。
箕十度四十分。　斗廿五度二十分。　牛七度二十分。
女十一度三十五分。虛八度九十五分七十五秒。　危十五度四十分。
室十七度一十分。　壁八度六十分。　奎十六度六十分。
婁十一度八十分。　胃十五度六十分。　昴十一度三十分。
畢十七度四十分。　觜五分。　參十一度一十分。
井三十三度三十分。鬼二度二十分。　柳十三度三十分。
星六度二十分。　張十七度二十五分。翼十八度七十五分。
軫十七度三十分。

今黃道度。卽授時黃道度。

角十二度八十七分。亢九度五十六分。氐十六度四十分。
房五度四十八分。　心六度二十七分。尾十七度九十五分。

箕九度五十九分。　斗廿三度四十七分。牛六度九十分。
女十一度十二分。　虛九度。　　　　　危十五度九十五分。
室十八度三十二分。壁九度三十四分。　奎十七度八十七分。
婁十二度三十六分。胃十二度三十六分。昴十一度。
畢十六度半。　　　觜二十五分。　　　參十度二十八分。
井三十一度。　　　鬼二度一十一分。　柳十三度。
星六度三十七分。　張十七度七十九分。翼二十度零九分。
軫十八度七十五分。

蔡伯靜曰：曆家欲求日月交會，故以黃道爲起算。

此山龍卦運圖，卽邵子所傳先天六十四卦之圓圖也。乾坤往來而生六子，六子往來而生六十四卦，一陰一陽，兩兩相對，列之則如雁行，序之則若魚貫。而四時五行，流行嬗化，運至則無物不生，未至則寂然不動，水流山峙，均在絪縕之中。惟是水性動，動則後天卦氣，山性靜，靜則從先天卦運。世俗所傳淨陰淨陽、左旋右旋諸說，直是未曾夢見。

考堯氏得天地之中數，值人統第一建，天運始子，地運起復卦初爻，按節推排左轉。

一週三百六十度除八卦，則每卦得有四十五度。每度管十二年，則每卦得五百四十年。而一

山龍陰陽相生變化之圖

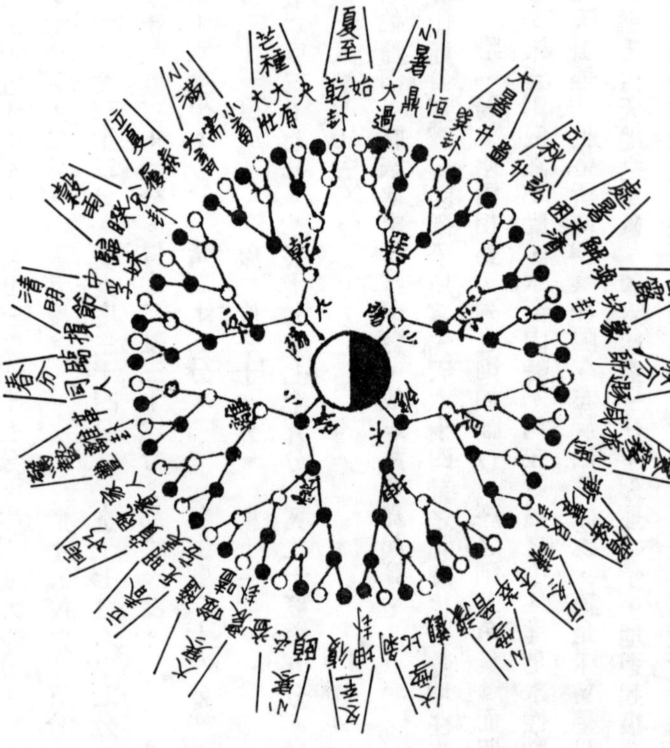

嵩山道人

一週 360 度÷ 8 卦＝ 45 度，每卦 45 度。

每卦 45 度×每度 12 年＝ 540 年，每卦 540 年。

每卦 540 年× 8 卦＝ 4,320 ，一週 4,320 年。

每卦首末卦 90 × 2 ＝ 180 年，其餘 6 卦× 60 ＝ 360年。

以一週配甲子計算＝ 4,320 ÷ 60 ＝ 72 甲子÷ 8 卦

則每卦得 9 甲子，再乘 60 甲子，等於每卦 540 年

週分佈八卦，則得有四千三百二十年。以六十甲子計算，一週得有七十二甲子，而一週分八卦，故每卦得九甲子。考堯帝在位二十年，甲子歲正月入人統第一建起計算。當時卽西元前二千三百三十七年，第七甲子，七赤兌，西方當運，虞帝舜生於姚丘矣。（黃帝・軒轅氏元年甲子歲正月爲第一甲子，卽西元前二千六百九十七年。）

第一建歷經一千八百九十年進入第二建，卽西元前四百四十七年。周定王在位二十二年，甲午歲正月入人統第二建，地運由大壯卦初爻起算。

再歷經一千八百九十年進入第三建。卽在西元一千四百四十四年——明・正統九年甲子歲正月入人統第三建，地運由否卦初爻起算。

自明・正統至今已有五百五十年，減去坤卦五百四十年，只存有十年。故在民國七十二年癸亥年終盡地運一週，運卦復初。從民國七十三年甲子年正月起復卦初爻，爲震卦統局，主運在地雷復卦，爲冬至卦分，計有九十年。至民國八十三年癸酉爲止，在復卦已有十年矣。

於此予特說明山龍用卦之法，俾後學乘時當運，龍穴相配，庶不致訛。而觀賴公山龍催官（賴公宋末元初人）山龍大運值水山蹇。水坎也，山艮也。艮爲統局，坎卦主局，後天之艮卽先天之震，先天之坎卽後天之兌，且其時後天大運在九紫爲後離也；小運在七赤，爲後天之兌，卽先天之坎。賴公以震艮坎兌爲用，故曰四龍剝換爲上吉。更有四卦之納甲，如庚丙丁癸，或坐或向，皆可取用。所謂大元運者，以先天卦之納甲起長生。如大運九紫爲先天乾，乾納甲，長生起亥，亥卯係生旺也。所謂小元運者，四隅二四六八，與水法同元。特四正一三七九，與水法相反。蓋龍法必須左右旋轉，由後天轉到先天，由先天轉到後天，以龍配穴，生氣方眞矣。

元運年數，依先天卦爻排算。陽爻九年、陰爻六年，一二三四爲江東一卦，共九十年，均屬貪狼領局。至甲午年交江西一卦，卽楊公所云：坎離水火中天過，龍墀移帝座也。六七八九共九十年，均屬右弼領局，異於二十年一卦者。

先天陰陽爻行運圖

先天艮應二十一年癸酉年起癸巳年止	先天坎應二十一年壬子年起壬申年止	先天震應二十一年壬子年起辛亥年止	先天乾應二十七年甲子年起庚寅年止
六乾	七兌	八艮	九離
中五			
四巽	三震	二坤	一坎
先天兌應二十四年甲午年起丁巳年止	先天離應二十四年戊午年起辛巳年止	先天巽應二十四年壬午年起乙巳年止	先天坤應十八年丙午年起癸亥年止

楊公曰：分却東西兩箇卦。會者傳天下。

山龍小運圖

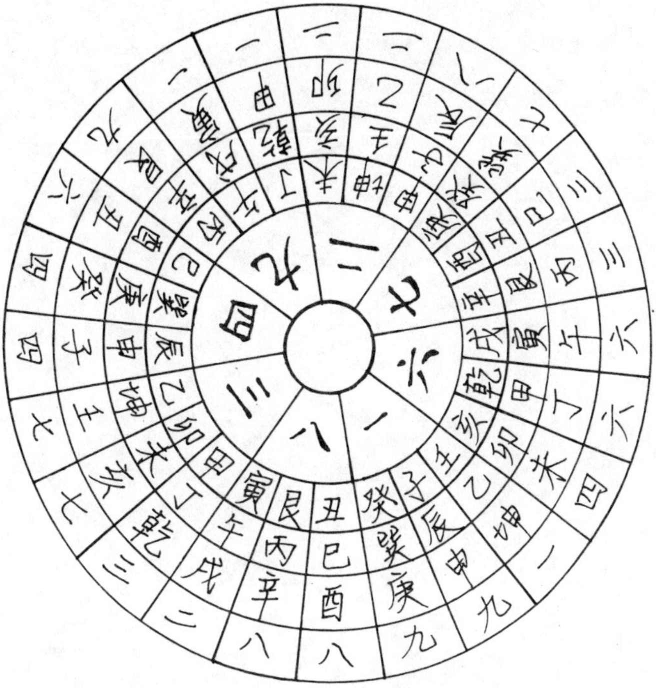

山龍全在形局團聚，脈眞穴的，後天卦氣不得而囿之，須先後相配，故正結大地之運，從伏羲方圓卦位。

此圖係小運，二十年爲一運，現在一白，則離龍當旺。四正與水龍相反者，水收天氣，山收地氣也。四維則從本卦，凡非正結之地，如流神砂瀉、峽結、奪總諸穴，均從此小運。若山已落平，或近水口低田見大水及平原地，龍脫刼出洋諸穴，又當乘水龍之運，以山爲水制，天尊地卑，地順承天也。

卷三

感慨篇

周梅梁撰

世人所以祇知山法而不知水法者，緣星卦理氣，先賢不敢輕泄，後人因無眞傳，只有僞法惑世耳。至元末幕講師，始著金口訣。而蔣平階又傳郭氏盤製、水龍元關，雖已吐露眞機，而世人終多不解，仍於分星下卦、收山出煞之密旨茫茫乎未之有得。所以人間墓宅百無一是，吾每念此，誠有所不忍也。故特舉小鶴所傳之圖局，刋而示世，使有志水法者，可悟分星下卦之訣，不誠爲信而行之者幸乎！予故樂爲示之，而不敢秘云。

水法

昔人有言：平洋莫問龍，水繞是眞踪。非不問龍也，水卽爲龍。自上而下山之止，自外而內水之止。平洋生氣水邊流。水到窮時太極明，大極定處五行根。蓋龍者火也，火生於坎，坎之卦一陽居於兩陰之中，陽爲生氣。葬者，乘生氣也。故必以陰求陽，借其虛處以求生氣也。

山之生氣現於脈，水之氣現乎其光，水中之地去山已遠，其氣下行。仰而作息，如菱荷之屬，未嘗無根，然非目之所能睹，必據於水而後可接其生氣。二十四方水路交馳，以後天卦位合九宮星運，爲吉爲凶，隨時變易，此挨星之所由爲最貴。而龍必合向，向必合水，水必合三吉位也，作法雖多，不離騎、攀、倚三法。騎、攀、倚又不外弔、浜、剪水分局三格，四正四維順逆選配，專從天心正運一卦爲主。今略擧數圖以闡水法，從此類推，變化無窮矣。

風水體用賦

經曰無極而太極也。理寓於氣、氣囿於形，日月星宿，剛氣上騰，山川草木，柔氣下凝。資陽以昌，用陰以成，陽德有象，陰德有位。地有四勢，氣從八方，外氣行形，內氣止生。乘風則散，病在乎乘，界水則止，妙在乎界。是故順五兆，以五星之正變審象也。用八卦，以八方之旺衰審位；排六甲，以六甲之紀年審運；布八門，以八風之開闔審氣，地理之矩矱盡於此矣。推五運，以五紀之盈虛審歲；定六氣，以六氣之代謝審合，謹歲時以抉地橐籥盡於此矣。如是則太極不失其正，而地德可明。立人道，因變化，原終始，此之爲化成。

青囊萬卷，總不出體用二字。體有山水之分，用有得失之辨，體有移步之不同，用有隨時之更變。用必依形而顯休咎，體必因氣而見吉凶。體無用而不靈，用無體而不應驗，必須形氣兩兼，默然九星生尅之理以推休咎，方得體用之精微。此秘旨言體言用，條理分明，闡發精詳，無孔不入，非深得青囊之奧，河洛之理者，焉能道其隻字耶。

郭景純九章穴法辨約

攀格

攀格穴後有水兜抱更妙

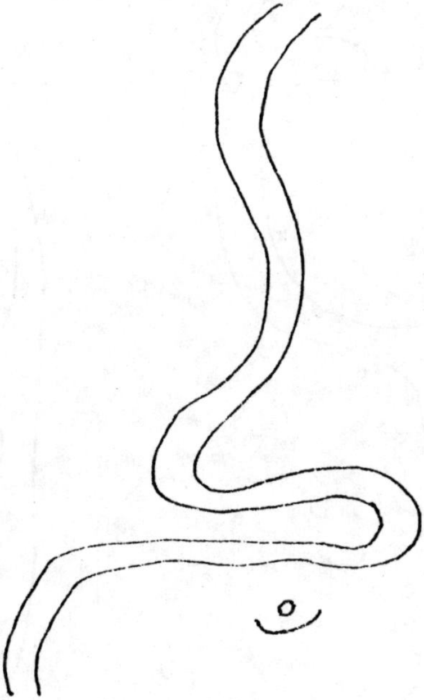

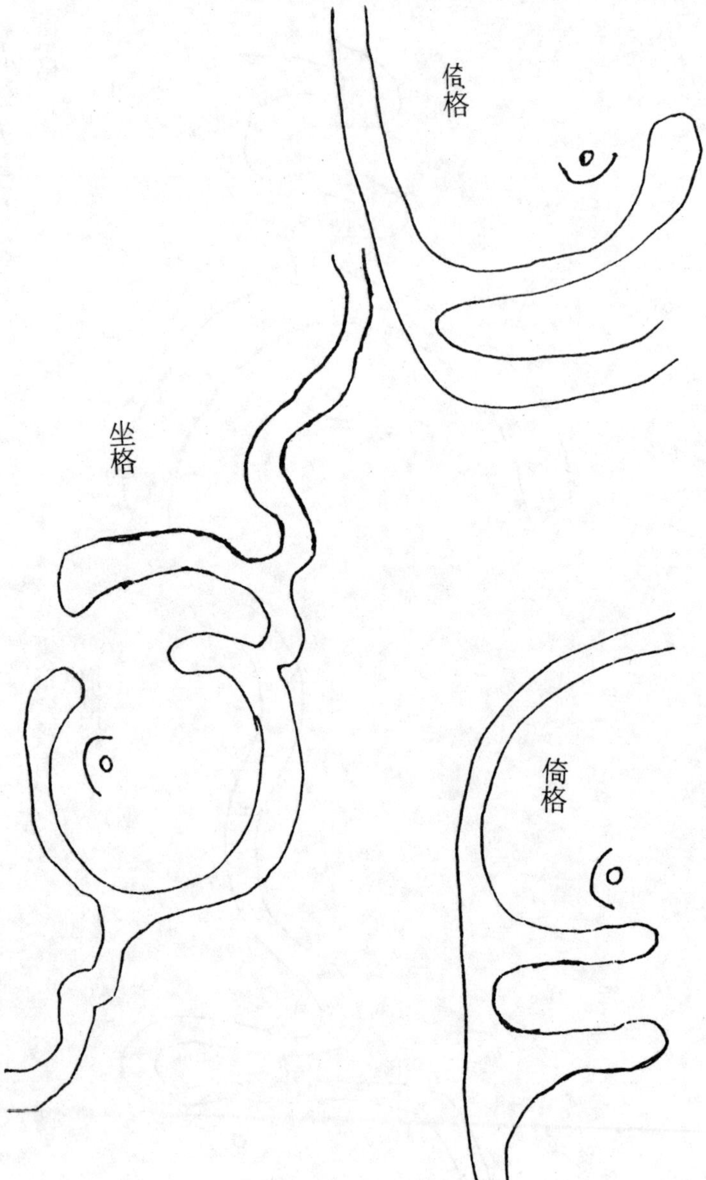
倚格
坐格
倚格

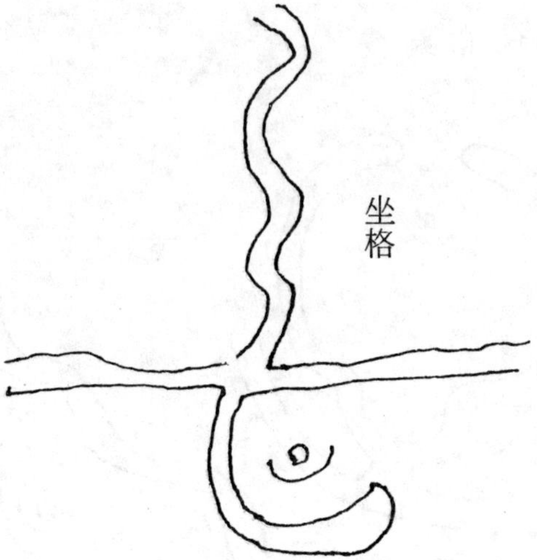

坐格

夾格

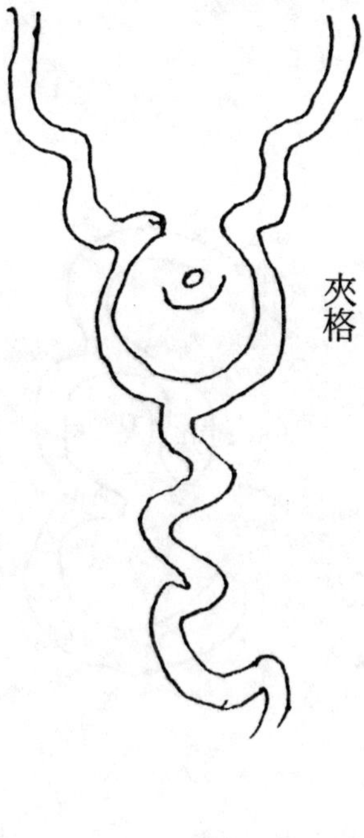

夾格

雙關格

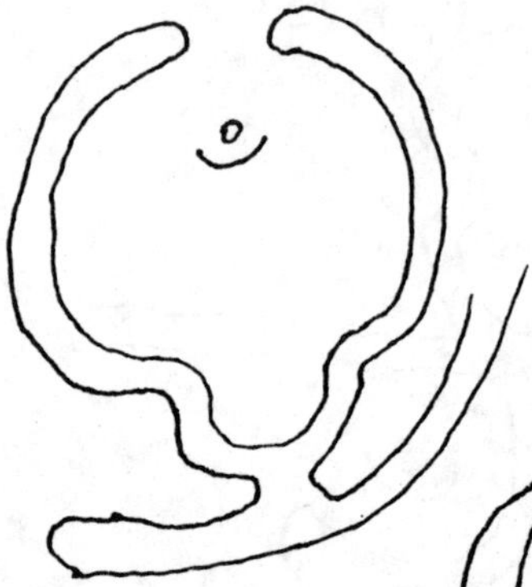

雙關格

吊格

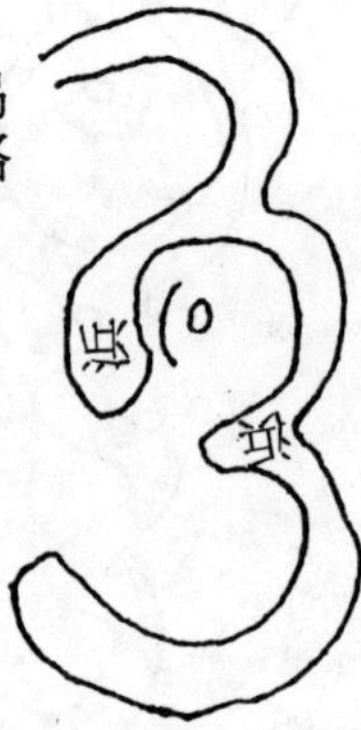

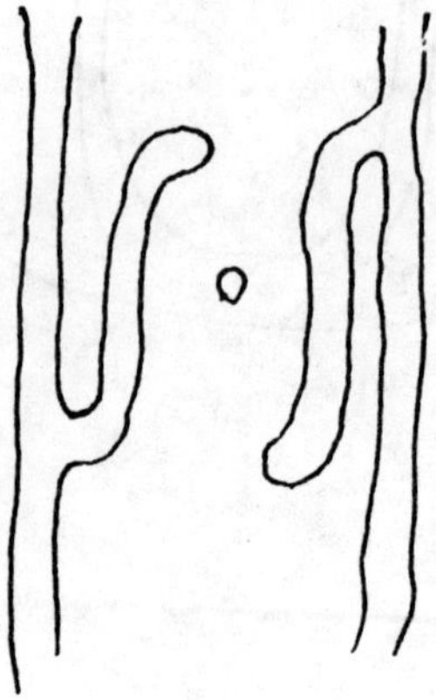

雙關格

照格

弔格

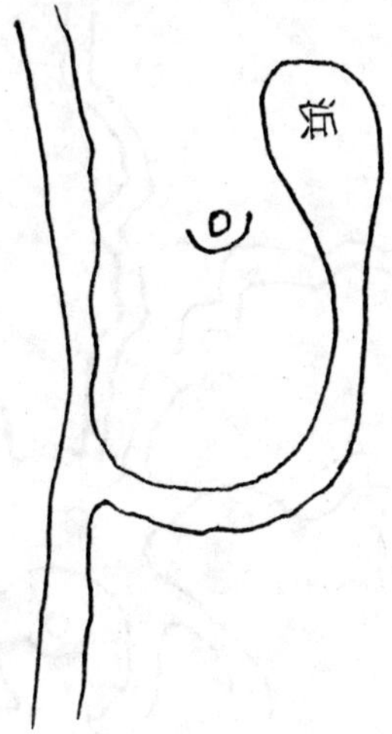

照格

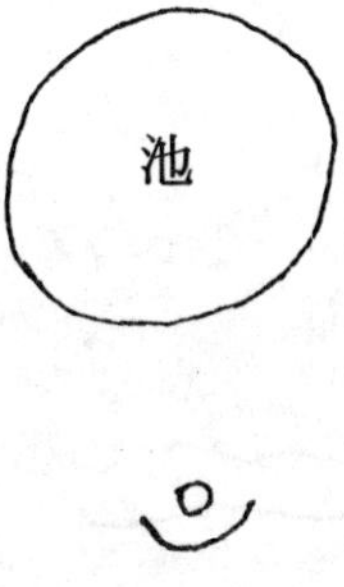

照格

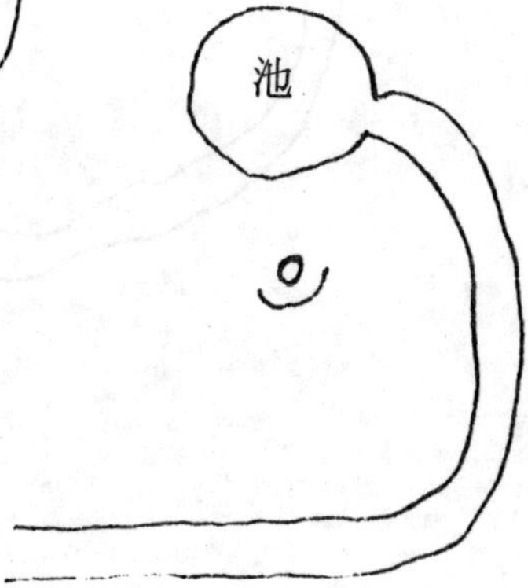

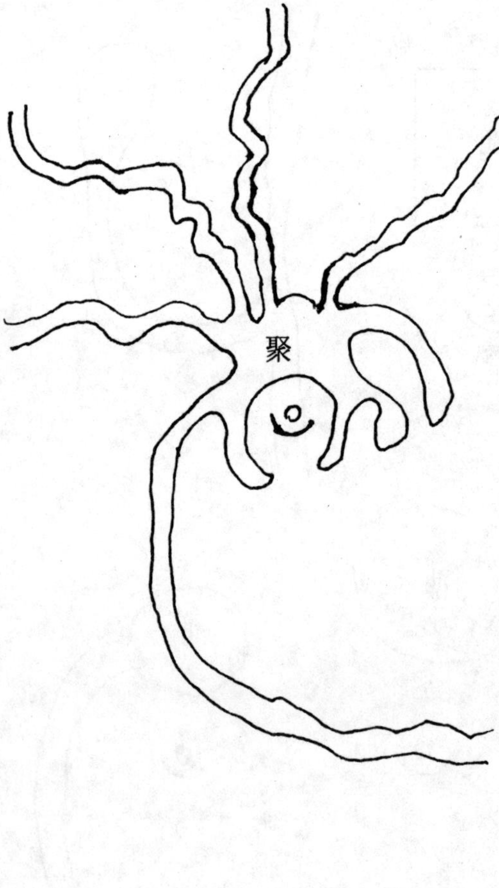

聚格

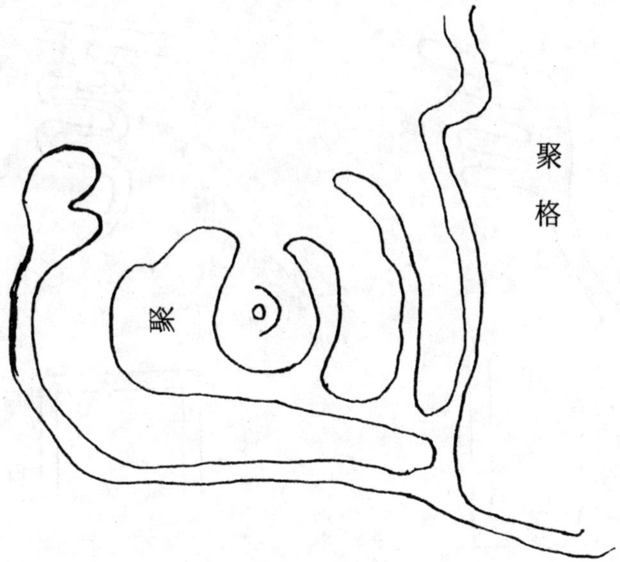

聚格

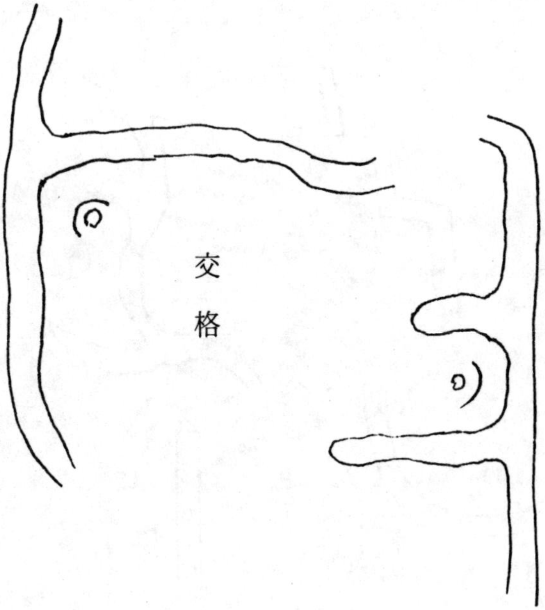

交格

水城九星約略

楊救貧

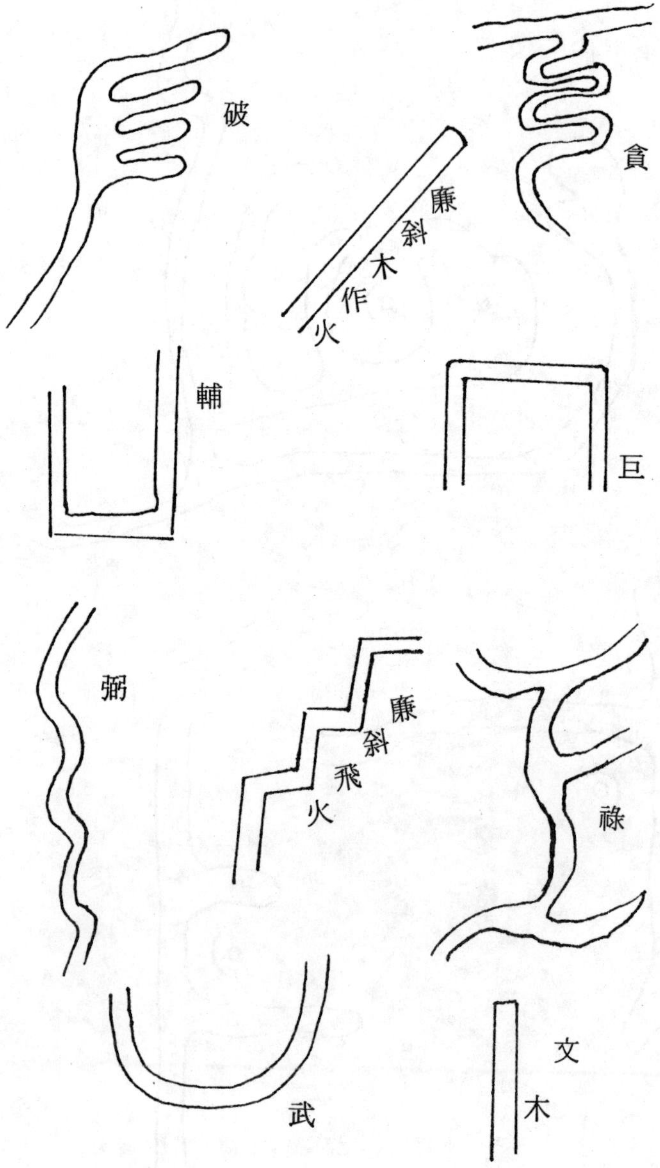

無極子水龍格法

離上一曲折卽爲一節坎龍

同上亦是一節坎龍

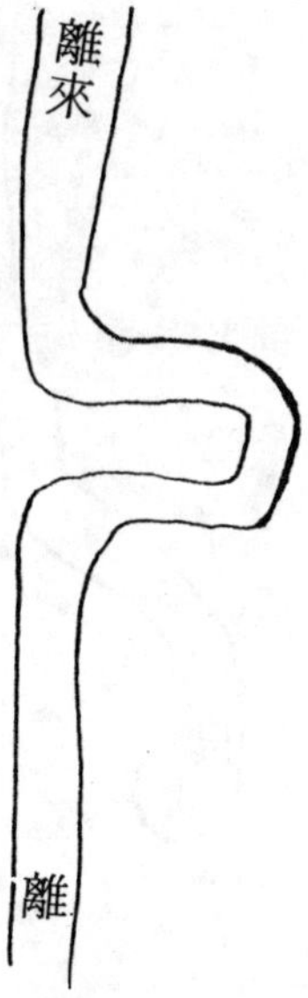

離上二曲折卽爲二節坎龍

同上亦是二節坎龍

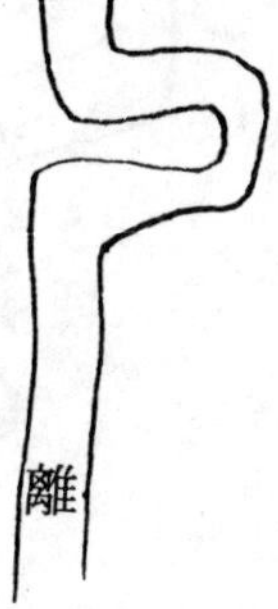

上四圖以明眞坎氣視其龍之直來法

名坎龍發足艮龍
入首之局

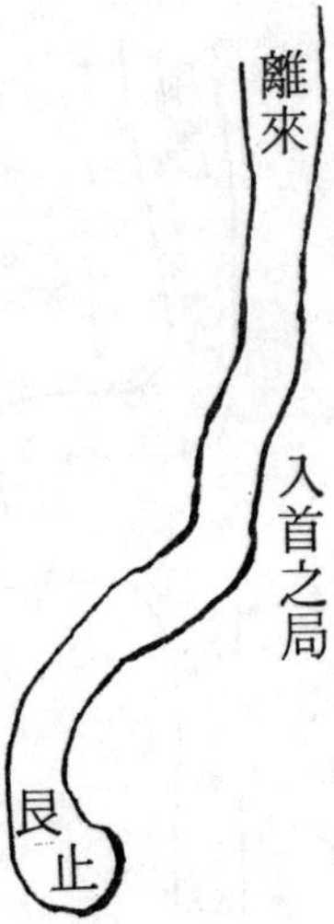

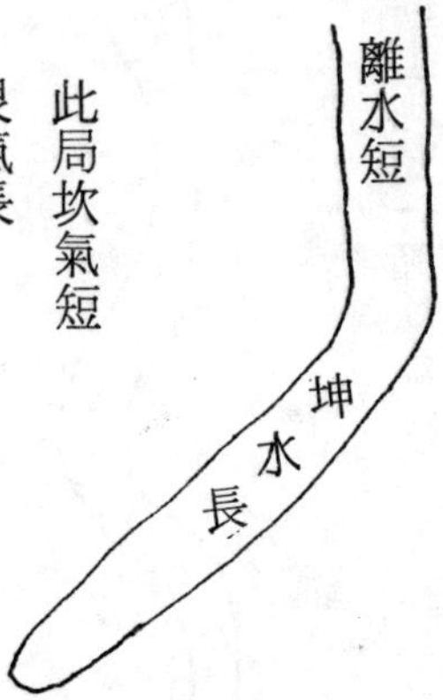

此局坎氣短
艮氣長

名坎龍發足乾龍
入首之局

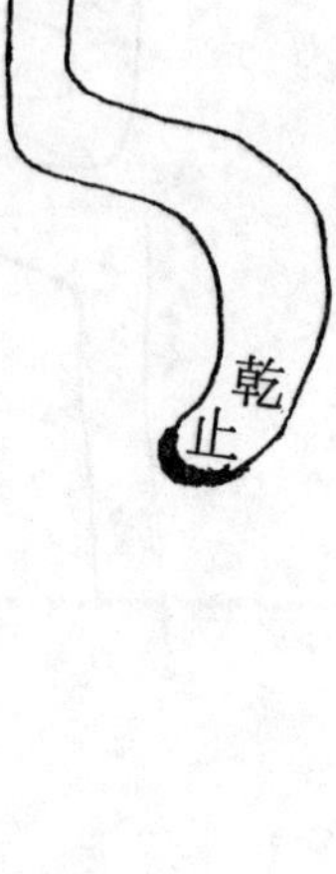

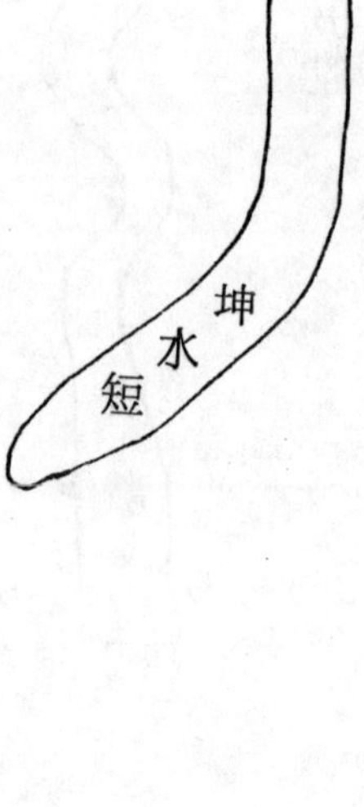

此局坎氣長
艮氣短

此二格視其斜直之法

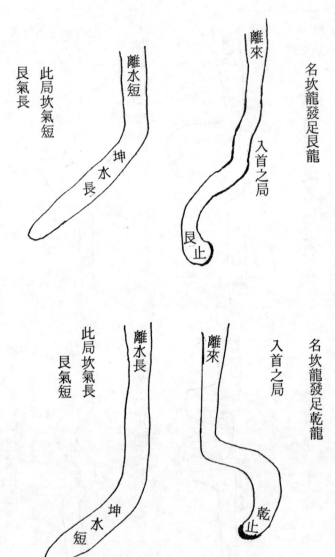

名外艮內乾之局

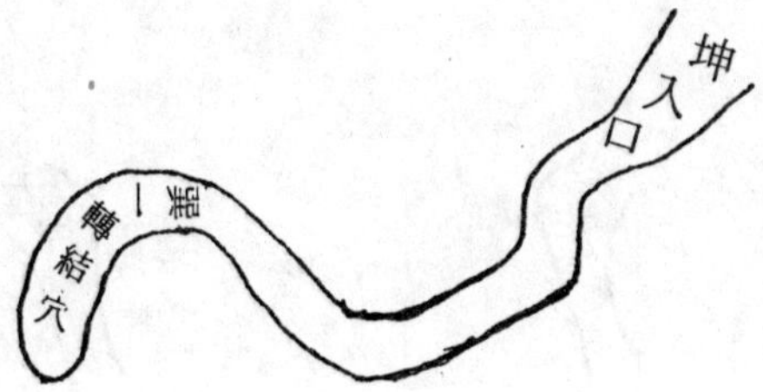

名內坤外乾艮之局

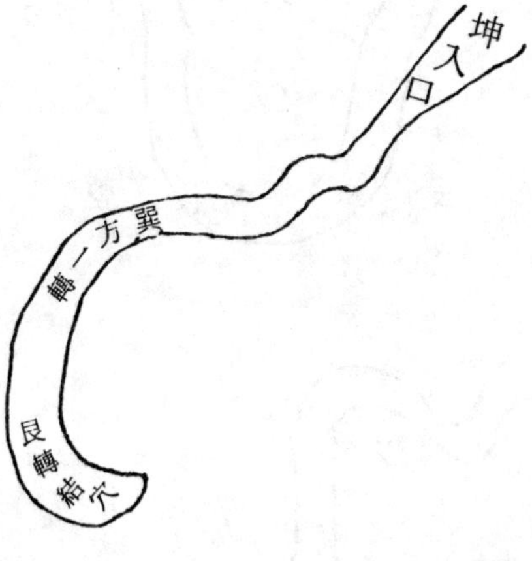

如此變局，實不一端。故地有一氣者，有兼兩氣者，有兼三四氣者，其水行方位，定龍之質幹，以分上中下三元，長中下三位。應時取效，永無差矣。

此二格溯其移易之法

名左乾右艮之局

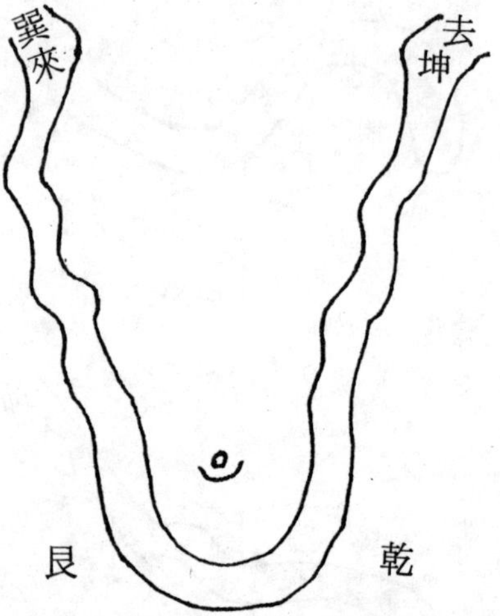

名前乾後巽之局

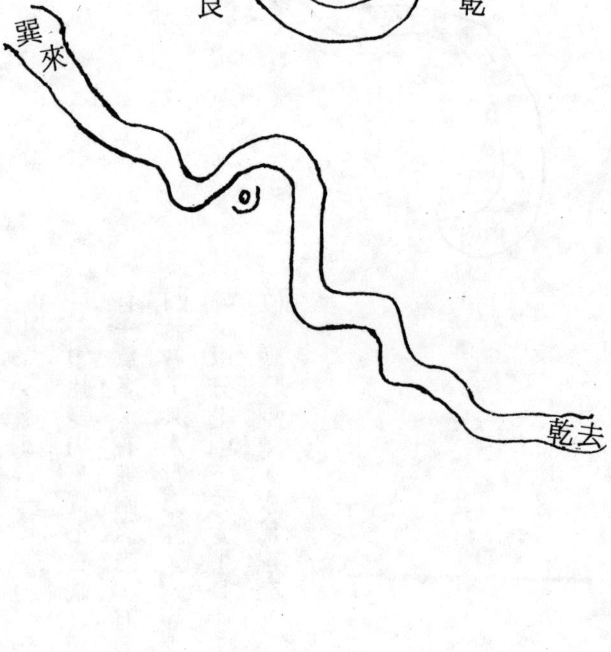

名左乾右震之局

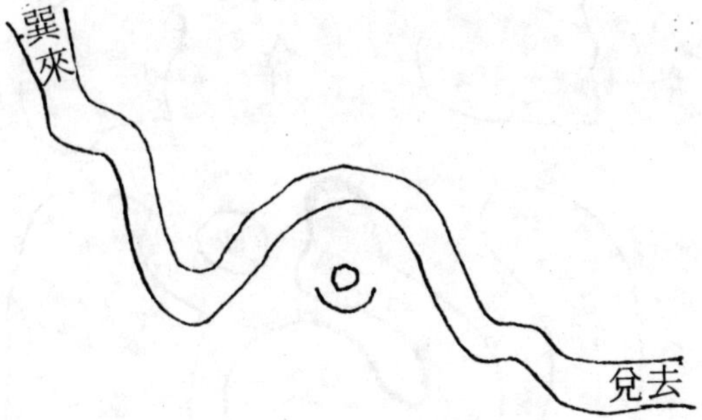

名左坤右艮之局

穴迎去水，爲氣之還

穴迎來水，爲氣之止

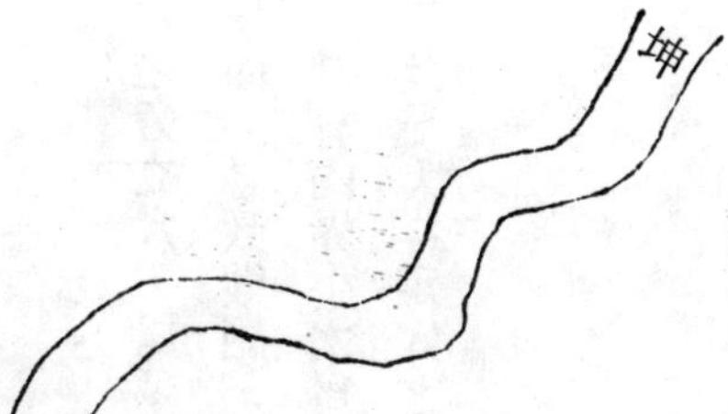

如此局支水葬中間，則到底一節，亦同去水，亦同還氣論。

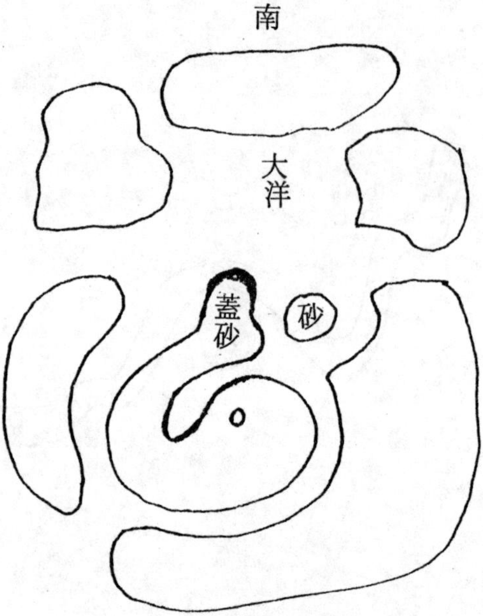

大水之旁立穴，以藏爲貴，藏則氣聚局緊。若抛頭露面，必致敗絕，不可不愼。此穴雖在大洋中間，却有內界小水爲元辰胎息，震坤兩旺，現在貴局此爲大洋定穴之式。

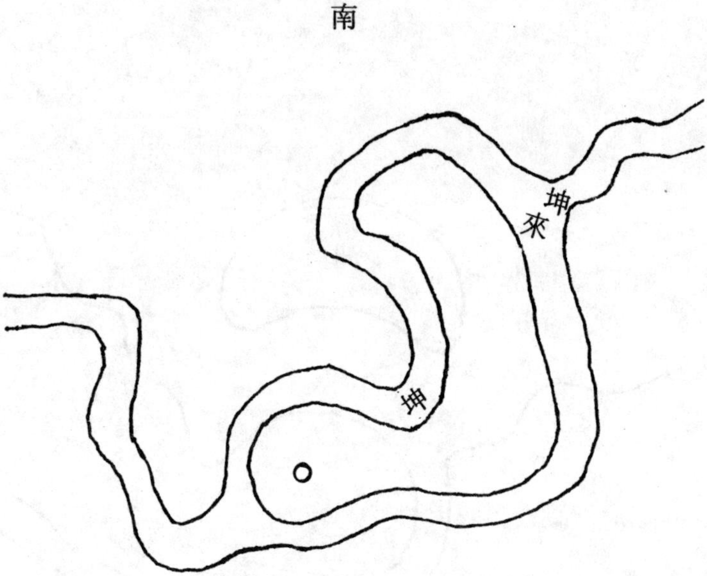

古云二水合流，曲處可求。此地二水相合，活動有情，下砂關抱聚氣，可爲合流剪秀之式。

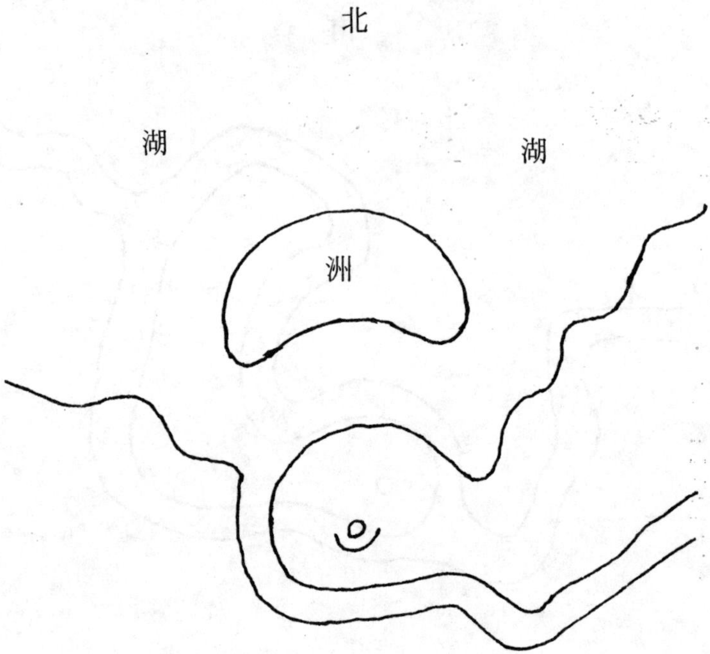

大水之旁，不宜立穴。又有散中取聚，以小河插入爲秀，小洲作案爲緊，湖光亦漸歛，可以容納，爲痴龍出秀，故仍作剪水，不作分局也。

辨正補註明解

周梅梁自序

辨正一書有三活，能知三活，轉難而為易，不知三活，雖易而實難。即作辨正者活情、活理、活法、活義、活意，註辨正者活注、活解、活貼、活括、活釋，讀辨正者亦宜活思、活想、活推、活算、活畫，三者一無所死，若有一所死便不合法矣。其究之地理之學，自來理氣家莫不以辨正為盡善美，而能識之者少之又少，用之者尤鮮矣。其弊不在於不用心，而在於死解釋耳。夫死解釋乃由不知河洛之體用，八卦之順逆，三般不解故也。統論其體，則父母子息，專論其用，則三吉六秀也。且論其陰陽，不出一卦，論其生旺，須用倒排論其山，必要水以收之，論其水，必要山以配之。論其天心，則一卦之生氣也，論其血脈，則三叉克氣也。論其正神，中爻主運，論其零神，左右旁爻。順逆惟在乎雙山，主持僅用其一卦，此皆活法元機，不涉一毫呆想。若果能此，則辨正活矣，註解活矣，讀者亦活矣，而後可以學，可以思，可以精之專之而難。

然則辨正豈易哉，黃石之說體，楊曾之說用，又有中陽杜陵為之詮註而發揮，其統體悉屬精粹，理法總歸一致。而楊公之作用獨備於天玉，雖係蔣氏註釋，非不美備，而隱秘太甚，若無入門，不能解其註意，予每讀此，竊有所不忍也。嘉興蓼園凌氏亦曾補註此經，予觀其書，不知經四位而起父母，竟以隔八相生當之。不知龍向水三合眞機，竟以月德三合法當之。不知三吉逢元之用，竟以奇門乙丙丁三奇當之。而且三七二八，未知配合，陰陽順逆，不識推排，種種訛解，茫無眞訣。世人俱奉為金科玉律，余則叱而斥之也。因觀此書更覺不忍，於是有僭竊補註，增美益顯，較之原註更覺闡發，比之蓼園，奚啻宵壤。不過使有志者不行錯路入門差易耳。故有原註仍舊者，有因原註而增減者，有本已註而剖晰詳明者，調停斡補，惟正是求，不計文理之工拙也。凡文氣接續處，本難割截分註，不免瑣雜。然統註則渾，分註則清，況註此等書不嫌重複更詳，使無疑耳。望未學者請從此法，誤學者早日回頭，切不可以僞法自誤也。若以吾為炫奇沽名而不諒吾所以補註之心，竟棄之如遺也，惜哉。是以序。

按：余讀周氏明解序，有感此序不可不留世目，意在周氏救世心切，亦合之吾心意。吾思之，何必再序。因周氏此序已盡作辨正、補註辨正、讀辨正之義，而且能承周氏之志，故今錄序，希讀者諒之。而此篇文序，實有秘旨存焉，智者識之。

青囊序

唐曾求己公安著。羅群字輝雄補註。國朝蔣平階大鴻註。

楊公養老決雌雄。天下諸書對不同。

註：雌雄者，陰陽之別名。不云陰陽而言雌雄者，言陰陽則陰自為陰，陽自為陽，疑乎對待之物，互顯其情者也。故善言陰陽者，必言雌雄。觀雌則不必更觀其雄，而知必有雄以應之；觀雄則不必更觀其雌，而知必有雌以配之天地而大雌雄也。山川，雌雄中之顯象者也。地有至陰之氣，以招攝天之陽精。天之陽氣，日下交乎地，而無形可見，止見其草木百穀，春榮秋落，蛟龍蟲豸，升騰蟄藏而已。故聖人制婚姻，男先乎女，亦以陰之所在，陽必求之。山河大地，其可見之形，皆陰也，實有不可見之陽以應之，所謂雌雄者也。故地理家不曰地脈，而曰龍神，言變化無常，不可以跡求者也。

青囊經所謂陽以相陰，陰以含陽者，此雌雄也。所謂陽本陰，陰育陽者，此雌雄也。所謂陰用陽明，陽用陰應者，此雌雄也。所謂資陽以昌，用陰以成者，此雌雄也。楊公得青囊之秘，洞徹陰陽之理，晚年其術益精，以此濟世，即以此養生。然其中秘密，惟有看雌雄之一法，此外更無他法。夫地理之書汗牛充棟，獨此一法，不肯筆之於書。先賢口口相傳，間世一出，自管郭以來，古今知者能有幾人？既非聰明智巧可以推測，又豈宏覽博物所得與聞。會者一言立曉，不知者累牘難明，若向書卷中求之，更河漢矣，故曰：天下諸書對不同也。曾公安親受楊公之秘，故其所言深切著明，如此彼公安者豈欺我哉。

補註：曾公開卷言雌雄，不言陰陽，何也？因陰陽爲體，雌雄爲用。而此篇言用，非言體，故曰雌雄。何論之？河圖可觀。河圖一六在下，二七在上，三八居左，四九居右。而三八居東，爲甲乙木，主春。二七在南，爲丙丁火，主夏。四九居西，爲庚辛金，主秋。一六在北，爲壬癸水，主冬。但木火之氣向上而發，金水之質往下而收。向上發之氣爲動，往下收之質爲靜。動者爲用，靜者爲體，一動一靜，爲地理之妙用。動者少陰少陽，曰雌雄。靜者老陰老陽，故曰陰陽。卽蔣氏所云：言陰陽者，則陰自爲陰，陽自爲陽。又云：疑乎對待之物，互顯其情者也。靜者氣沈，氣沈者爲山，山者爲靜，靜者爲體，體爲先天，先天者爲圓，圓者以象爲主，故先賢以象爲山龍。山爲靜體，天生之自然，故以象論陰陽，論對待之相應，論賓主其情意。故山龍結穴，自有天生自然相配之穴，只要賓主有情相迎，有藏風聚氣之地，自有結美穴。其穴必有陰陽相應之定處，其向定有情意綿綿，故楊公云：山家不要論五行。又曰：明倒杖，卦坐陰陽何必想。山龍明此似可。若論動者爲用，用者爲替，書者以數爲主。數者，後天九星之大數也。大數者，分爲三元，曰上元、曰中元、曰下元，實爲兩元之用，故先賢以數爲平洋水龍入用之本。卽著水龍經，名曰元空大五行，曰雌雄，曰顚倒倒顚，論其五行生死。故山龍用倒杖法，卽水龍用倒顚法。而山水二龍之用法不同，其體似同。而今世地師，以山龍之法，用在水龍，用之百無一是，以致禍害世人。曾公念此，特言龍山不下水，水龍不上山以醒世，然世人至今仍不解其意，可惜矣。

曾公自得楊公眞傳後，識元空之理與世俗不同，若論眞之三合，卽龍合向、向合水、水合三吉位。論雙山，如二十四山，每一山中，爲一山一水雙用。論分金來脈之動處。論淨陰淨陽，不出一卦之淨。僞訣之三合爲申子辰、亥卯未……等。僞訣雙山，如亥卯未配乾甲丁、巳酉丑配巽庚癸等法。僞法分金，如二十四山下分隸百廿分金，生克制化等法。僞法淨陰淨陽，如乾震坎艮四陽卦，則龍向水，要不出四陽卦中尋，故曰天下諸書對不相同也。

先看金龍動不動。次察血脈認來龍。

註：以下乃言看雌雄之法也。金龍者，氣之無形者也。龍本非金，而云金龍者，乃乾陽金氣之所生，故曰金龍。動則屬陽，靜則屬陰。氣以動爲生，以靜爲死，生者可用，死者不可用。其動大者，則大用之，其動小者，則小用之，此以龍之形象言之。形象旣得，斯可辨其方位矣

。血脈卽金龍之血脈，非龍而實龍之所自來。所謂雌雄者，觀血脈之所自來，卽知龍之所自來矣。察其血脈之來自何方，也知血脈之來自何方矣，卽可認龍之來自何方矣。此楊公看雌雄之秘訣，非世人倒杖步景之死格局也。

補註：金龍者，有氣得時曰金龍。以象言，有灣有抱有圍環，有兜之水，爲之動，有情。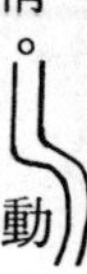動
活情 如此水有氣可用。直硬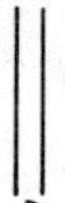、斜、尖，此水爲靜爲死，無氣不可用。若以數言，有得運之來水爲有氣，無運之水爲死氣，此形象言明矣。而血脈者，水之入處曰入路可也。看其來水屬何脈氣。屬何子息，屬何氣運。如一水從江東來，要立江西向，從子。如一水從江西來，要立江東向，依息不可離。故經曰前後相兼奪化工，血脈入路處爲之分金口。卽先賢所云先定分金後定向是也，非俗世之分金也。俗世分金在羅盤定，誤矣，勿用。此相兼亦非俗世之二七、三八兼亦誤，故曰察其血脈，認其來龍，可見血脈之重要也。

龍分兩片陰陽取。水對三叉細認踪。

註：兩片卽雌雄。陰在此則陽必在彼，兩路相交也。三叉卽後城門，界水合處必有三叉，細認踪卽察血脈以認來龍也。知三叉之在何方，則知來龍之屬何脈矣。

補註：龍有上元、下元兩片之分別，各取其時之用。如龍用於上元，水必用於下元，如龍用於下

元，水必用於上元，故曰兩片陰陽也。得時爲陽，失時爲陰，故曰陰陽取也。三叉者，水之入路處，出水交合處是也。蔣氏曰：來去二口生死門。如能知水來路處，便知去水處，要細認其踪也。如離卦中有三山，中爻午爲天元，爲父母。左爻神爲地元，爲逆子，爲陽。右爻神爲人元，爲順子，爲陰是也。

江南龍來江北望。江西龍去望江東。

註：此所謂兩片也。金龍本在江南，而所望之氣脈反在江北。金龍本在江西，而所望之氣脈反在江東，蓋以有形之陰質求無形之陽氣也。楊公看雌雄之法，皆從空處爲眞龍，故立其名曰大元空。雖云兩片，實一片也。俗說江南午丁未坤爲一卦，江北子癸丑艮爲一卦，共一父母。江西申庚酉辛、戌乾亥壬爲一卦，江東寅甲卯乙、辰巽巳丙爲一卦，共一父母，兩卦之中互相立向者，非也。

補註：江南者，離卦也。如一脈從離卦而來，反言爲坎龍，謂之上元龍。如一脈從兌卦而來，反言震龍，亦謂上元龍。此法以有形之質求無形之陽氣，智者可自悟。

是以聖人卜河洛。瀍澗二水交華嵩。相其陰陽觀流泉。卜世卜年宅都宮。

註：此卽周公卜洛之事，以證地理之道。惟在察血脈認來龍也。聖人作都，不言華嵩之脈絡，而言瀍澗之相交，則知所認之來龍。認之以瀍澗也。又言劉公遷豳，相陰陽，觀流泉，以合觀

之。見聖人作法千古一揆也。

補註：此節言先賢建都建宅亦以水龍血脈爲目。以證地理之道也。

晉世景純傳此術。演經立義出元空。朱雀發源生旺氣。一一講說開愚蒙。

註：推原元空大卦，不始於楊公。蓋郭景純先得青囊之秘，演而立之，眞追周公制作之精意者也。其義不過欲朱雀發源得生旺之氣耳。來源既得生旺，即是來龍生旺，而諸福坐致矣。來源若非生旺，則禍不旋踵矣。景純當日以此開喻愚蒙，其如愚蒙之領會者少也。俗說龍取生旺之氣於穴中，水取生旺之氣於穴前。又指氣之生旺爲長生帝旺墓庫合三叉者，非也。

補註：元者，元運得時之氣也。空者，失時運之水曰空。元者氣之生，空者水之死爲尅。以生安在向，以死安在水。故楊公曰：生入尅入名爲貴。朱雀發源者，源流之入路處也。要得元運生旺之氣，龍氣自旺。故以有形之質求無形之生旺氣是也。若龍氣之生旺得者，一發如雷矣。

一生二兮二生三。三生萬物是元關。山管山兮水管水。此是陰陽不待言。

註：陰陽之妙用始於一。有一爻，即有三爻，有一卦，即有三卦。故曰一生二、二生三，此乃天地之元關，萬物生生之橐籥也。又恐人認山水爲一而不知辨別，故言山之元關自管山，而水

之元關自管水，不相混雜。蓋山有山之陰陽，而水有水之陰陽，爾通乎此義，則世之言龍穴砂水者，眞未夢見矣。（朱爾謨言龍穴砂水並不曾差，氣之來爲龍，氣之止而聚者爲穴。砂者，所以護穴砂抱而後穴眞。水者，所以驗氣，水界而後氣止。蔣子筆意奔放，未免言大而誇。）此人只知山法而不知水龍也。錯誤！

補註：一曰天、二曰地、三曰人，天在上爲氣，地在下爲質，人立中爲造化，故曰元關。一陽在上爲天，二陰在下爲地，一合二爲三，三曰人，人立在地上頭頂天，天人地人居中爻，故曰造化宮。先哲有說天地無私，造化有私。天地不作怪，而造化作怪，就是人作怪。先賢以八卦分定三才，爲地理入用之本。何也？每卦有三爻，分定爲三山，三八成爲二十四山，以陰陽二氣成爲四十八局。例離卦中有三才，中爻午爲天元，左爻爲地元，右爻爲人元。中爻爲父母，左右爻爲子息。左丙爲陽爲逆子，右丁爲陰爲順子，以中爻父母爲主爻，故曰元關。

「山管山兮水管水」。此節曾公恐人山龍水龍合一爲用，故曰山有山之作法，水有水之作法，然山龍如何作法？因山龍爲陰體爲靜，自有天生自然之穴，用倒杖法，用先天納甲氣，用於先天入後天，以後天入先天之定法也，不用五行生尅。如算其龍運，用其先天八卦四時八節之氣是也。而水龍氣爲陽爲動，氣流在地皮上，故要立三元生旺之向。用倒顛五行生尅，用三吉六秀龍，用七星打刼之大法。故楊公曰天干大五行，又名元空五行，而此中理氣先哲有所秘，吾亦不盡洩，只言一二可也，故山水二龍各有妙理存焉。

識得陰陽元妙理。知其衰旺生與死。不問坐山與來水。但逢死氣皆無取。

註：此節暢言地理之要，只在衰旺生死之辨也。衰旺有運，生死乘時，陰陽元妙之理，在乎知時而已。坐山有坐山之氣運，來水有來水之氣運，所謂山管山水管水也。二者皆須趨生避死，從旺而去衰。然欲識得此理，非眞知河洛之秘者不能，豈俗士所傳龍上五行收山、向上五行收水、順逆長生之說所能按圖而索驥者乎。

補註：此陰陽者，言坐山與來水之陰陽，坐山與立向之陰陽，來水與龍之陰陽，向與水之陰陽，龍及坐山之陰陽。生死陰陽、衰旺陰陽、龍旺水衰陰陽，坐死向生陰陽，此陰陽要眞知。坐衰山收旺龍，立生向納死水曰收山出煞也。龍要生旺爲用，水要衰死爲用，得三元之運爲生，背三元主運爲死。生死運用曰妙理，元空大卦在此，會者一言立曉，不知者洩破何益。

先天羅經十二支。後天再用干與維。八干四維輔支位。子母公孫同此推。

註：羅經二十四路已成之跡，人人所知，何煩特舉。此節非言羅經製造之法，蓋將羅經直指雌雄交媾之元關，以明衰旺生死之作用爾。十二支乃周天列宿之十二次舍，故曰先天。地道法天

，雖有十二宮，而位分八卦，每卦三爻，則十二宮不足以盡地之數，故十干取戊己歸中以爲皇極，而分布八干爲四正之輔佐。然猶未路卦爻之數，遂以四隅四卦補成三八，於是卦爲之母而二十四路爲之子，卦爲之公而二十四路爲之孫焉。識得子母公孫，則雌雄之交媾在此，金龍之血脈在此，龍神之衰旺生死亦盡乎此矣。

補註：先天十二支用於擇日可也，後天子母公孫用於擇時亦無不可。蔣註雌雄交媾在此，元空之妙法也。若無交媾，何來收山出煞乎。妙矣！

二十四山分順逆。共成四十有八局。五行卽在此中分。祖宗却從陰陽出。陽從左邊團團轉。陰從右路轉相通。有人識得陰陽者。何愁大地不相逢。

註：此節申言上文未盡之旨也。子母公孫，如何取用？蓋二十四山止應二十四局，而一山之局又有順逆不同。如有順子一局，卽有逆子一局，一山兩局，豈非四十八局乎。此局得何五行，則龍神得何五行，五行不在此中分乎。然五行之根源祖宗，非取有形可見、有跡可尋之二十四山分五行，乃從元空大卦雌雄交媾之眞陰眞陽分五行也。論至此，元空立卦之義幾乎盡矣。而又恐人不知陰陽爲何物，又重言以申明之。如陽從左邊團團轉，則陰必從右路轉相通。言有陰卽有陽，有陽卽有陰。所謂陰陽相見、雌雄交媾，元空大卦之秘旨也，言左右則上下四旁皆如是矣。此卽上文龍分兩片，江南龍來江北望之意，而反覆言之者也。其奈世人止從

上著眼，不能領會元空大卦之妙，故又發歎曰：有人識得此理者，乃識眞陰陽、眞五行血脈、眞龍神，隨所指點，皆天機之妙，何愁大地不相逢乎。若不識此，雖大地當前，目迷五色，未有能得其眞者也。

補註：卦有八，每卦有三山，三八爲二十四。如離卦三山，中爻午爲天元，曰父母卦，屬陰。左爻丙爲地元，曰子息卦，屬陽，名逆子。右爻丁爲人元，曰子息卦，屬陰，名順子，從父母而行。逆子反父母而行。四正卦中爻皆陰，曰父母卦，曰天元卦，左爻皆陽，曰地元，右爻皆陰，曰人元。四維卦中爻皆陽，曰父母卦，曰天元卦。左爻皆陰，曰地元卦。右爻皆陽，曰人元卦。人元隨父母而行，地元背父母而逐，二十山順逆從此分，祖宗亦從此求，山水四十八局從此出。陽卦左邊轉，陰卦右邊旋，得時運者爲陽爲順，背時運者爲陰爲逆，有時陽有時陰，故曰顚顚倒、倒顚顚是也。

陽山陽向水流陽。執定此說甚荒唐。陰山陰向水流陰。笑殺拘泥都一般。若能勘破個中理。妙用本來同一體。陰陽相見兩無難。一山一水何足言。

註：所謂識得陰陽者，乃元空大卦眞陰眞陽，而非世之所謂淨陰淨陽也。若據淨陰淨陽之說，則陽山必須陽向而水流陽，陰山必須陰向而水流陰，時師拘於此而不知實無益也。眞陰眞陽自有個中之妙，世人不得眞傳無從勘破耳。若有明師指點一言，則立時勘破，知不但淨陰淨陽

不可分，所謂眞陰眞陽者，雖有陰陽之名，而止是一物，又從何分。旣知陰陽爲一物，則隨手拈來，無非妙用。山與水爲一體，陰與陽爲一體，二十四山卦氣相通者，皆爲一體矣。夫淨陰淨陽者，一山只論一山之陰陽，一水只論一水之陰陽，故拘執有形，不能觸類旁通。元空大卦則一山不論一山之陰陽，而論與此山相見之陰陽。一水不論一水之陰陽，而論與此相見之陰陽，所以爲難知難能，入于微妙之域。此豈淨陰淨陽之說，拘於有形者所可同日而語哉。

補註：所謂眞陰眞陽者，四象八卦之眞陰眞陽。血脈龍氣之眞陰眞陽。龍得正神爲眞陽，水得零神爲眞陰，三元不出一卦爲眞陰眞陽，以有形之陰質求無形之陽氣，曰妙用本來同一體。觀水何運爲零神，便知龍何運爲正神。如上元一運，坎龍爲正神，便知離水爲零神，若能知此，陰陽相見兩無難矣。

二十四山雙雙起。少有時師通此義。五行分布二十四。時師此訣何曾記。

註：卽上文二十四山分順逆之義，而重言以歎美之。此雙雙起者，一順一逆，一山兩用，故曰雙雙起也。五行分布者，二十四山名自爲五行，不相假借也。雖云如此，而其中實有奧義，惟得秘訣者，乃能通之。時師但從書卷中搜索，必不得之數也。於此可見二十四山成格有定，執指南者，人人能言之，而微妙之機不可識矣。

補註：五行者，非金木水火土之五行，乃是生旺衰死，趨生避死之五行也。未到為生，已到為旺，初過為衰，過久為死，龍水各有生死，一順一逆各有生死也。

山上龍神不下水。水裡龍神不上山。用此量山與步水。百里江山一晌間。

註：此卽上文山管山水管水之義，而重言以歎美之。且又以世人之論龍神，但以山之脈絡可尋者為龍神，卽其所用水法，亦以山龍之法，不求乎以資其用耳。不知山與水乃各自有龍神也，特為指出，以正告天下後世焉。山上龍神，以山為龍者也，專以山之陰陽五行推順逆生死，而水非所論。水裡龍神，以水為龍者也，專以水之陰陽五行推順逆生死，而山非所論。剛柔異質，燥濕殊性，分路揚鑣，不相假也。卽有山龍而兼得水龍之氣者，亦山自為山，水自為水，非可以山之陰陽五行混入水之陰陽五行也。山則量山以辨山之純雜長短，水則步水以辨水之純雜長短，得此山水分用之法，百里江山一覽在目，此青囊之秘訣，亦青囊之捷訣也。嗚呼！此言自曾公安剖露以來，於今幾何年矣，而世無一人知者，哀哉。

補註：此篇言山龍與水龍分別作用也。言山水之作用法，管山管水篇，特言非世之坐山。上卦起星與下卦起星入中宮順逆挨，坐山星不能挨落水，水星不能挨上山之類，為上山下水之凶矣。

更有淨陰淨陽法。前後八尺不從雜。斜正受來陰陽取。氣乘生旺方無煞。來山起頂須要知。三節

四節不須拘。只要龍神得生旺。陰陽却與穴中殊。

註：此淨陰淨陽非陽山陽向水流陽之淨陰淨陽也。蓋龍脈只從一卦來謂之淨，若雜卦卽謂之不淨。而辨淨與不淨，尤在貼身一節，或從前來或從後至，須極清純，不得混雜。八尺言其最近也，此尤爲扼要。所謂血脈也，一節以後，則少寬矣。此節須純乎龍運生旺之氣，若一雜他氣，卽是煞氣，吉中有凶矣。來山亦然，須審其起頂出脈結穴，一二節之近要得龍神生旺之氣，蓋龍頂土聚，受氣廣博，能操禍福之柄。卽或直來側受之穴，結穴之處與來脈不同，而小不勝大，可無虞也。由此知山上龍神、水內龍神皆以來脈求生旺，而尤重到頭一節，學者不可不愼也。

補註：元空大卦更有淨陰淨陽法。何者淨？不出三元一氣爲淨，如天人合一爲淨，天地合一爲淨，人地合一爲雜不淨，地天合一雜不淨。八尺者，八卦也。言八卦前後不能雜。八卦前後者，何也？例每卦中有三爻，中爲父母，左爲前，右爲後。如龍脈從前來，立穴要從前，若從後者雜。龍脈從後來者，而立從前者雜。爲之前後八尺不從雜，雜者凶矣。如龍氣從天兼地來，而立天兼人之向爲雜，龍氣天兼人來，而立天兼地之向者雜。不雜爲淨，淨者生，雜者死，地師不可不知矣。如世之三七兼、二八相兼錯也，此乃定分金之大法，非世在羅盤中定分金，羅盤何來分金？錯也。曾公此節以洩天機，而蔣氏不肯下筆，使我亦難下筆。不下筆者，恐世不知，以訛再訛，故特下此筆，學者可以擧一反三自悟也。斜受爲富，正受爲貴，當乘三元正運之生旺氣，卽能發福發貴。若不乘運亦凶。來山起頂者，源流入口處是也。不拘幾灣之水，而重在入口一節。亦要陰陽氣交媾，才能萬物，故曰陰陽却與穴中殊。

天上星辰似織羅。水交三八要相過。水發城門須要會，却如湖裡雁交鵝。

註：此以天象之經緯，喩水法之會也。列宿分布周天，而無七政以交錯其中者，則乾道不成，四時失紀矣。幹水流行地中，而無支流以界劃其際，則地氣不收，立穴無據矣。故二十四之水，其間必有交道相過，然後血脈眞而金龍動，大幹小枝兩水相會，合成三叉而出，所謂城門者是也。湖裡雁交鵝，言一水從左來，一水從右來，兩水相遇如鵝雁之一往一來也。詳言水龍審脈之法，而立穴之妙在其中矣。

補註：言天上星辰如地上水路，橫直斜環交錯。三八者，八卦三爻二十四山也。而水路入口處要認清，不可雜亂。如來脈兼前，立穴要兼前。如來脈兼後，則立向要兼後，然血脈眞矣。故曰要．相．過。向要發正神，水要發零神，如此龍自旺矣。故曰三合連珠。此三合連珠非他指，只謂龍．向．水．是也，故曰城門須要會。而穴內交媾如同湖裡雁交鵝一樣，此乃陰陽四象八卦之大法也，故蔣氏曰立穴之妙在其中矣。

富貴貧賤在水神。水是山家血脈精。山靜水動晝夜定，水主財祿山人丁。乾坤艮巽號御街。四大尊神在內排。生尅須憑五行布。要識天機元妙處。乾坤艮巽水長流。吉神先入家豪富。

註：乾坤艮巽，各有衰旺生死，非可概用，須用五行辨其生尅。生卽生旺，尅卽衰死，生爲吉神，死爲凶神。要在元空大卦，故云天機元妙處。

補註：此節言向水之重。立穴重在向，向要立正神，水要發零神，然財祿人丁兩旺。若向立旺，水在正神者，旺人丁而貧；若錯立衰向而水在零神者，有財富而無丁，故曰。水主財祿山人丁。乾坤艮巽者，四維卦也。四維卦主富，四正卦主貴，故曰御街。而此四維卦配合四大尊星卽能發福。何爲四大尊神？如一、二、三、四爲上元之四大尊神，六、七、八、九爲下元之四大尊神，而乾坤艮巽有配合四大尊神者可發富貴。

請驗一家舊日墳。十墳埋下九墳貧。惟有一墳能發福。來山去水盡合情。宗廟本是陰陽元。得四失六難為全。三才六建雖為妙。得三失五盡為偏。蓋因一行擾外國。遂把五行顛倒編。以訛傳訛竟不明。所以禍福為胡亂。

註：此節旁引世俗五行之謬，以見地理之道惟有元空大卦看雌雄之法，所以尊師傳戒後學也。若唐以後，諸家五行雜亂而出，將以擾外國，而反以禍中華。至今以訛傳訛，流毒萬世，曾公所以辨之深切也歟。

補註：此節只言俗世五行之訛不可用。而水龍之法，只有元空五行爲正理，若信俗法，即十墳埋下九墳貧也。只有一墳合元空之法，即能發福，若不信者，請驗古人墳是也。吾觀蔣註，實有原則眞傳，而恐浪洩天機，故註語多隱秘。有意辨正反而不正，因世不解其意也。反借辨正爲僞造之本而多註解，立其本意畫蛇添足禍世。所以三合雙山、大小元空、四經五行、子母公孫、生旺衰墓等法俱不合辨正眞機。惟竊其似以售奸，實由蔣註隱秘大甚故也。則其救世之心，恐湮沒而不彰，則今爲補註，留其原註，實有眞傳之機矣，智者識之。

青囊奧語

唐楊筠松著
朝姜垚汝註
羅群補註

註：楊公得青囊正訣，約其旨爲奧語。以元空之理氣用五行之星體，而高山平地之作法已該括於其中。然非得其眞傳口訣者，索之章句之末，終不能辨，謂之奧語，誠哉其奧語也。

坤壬乙。巨門從頭出。艮丙辛。位位是破軍。巽辰亥盡是武曲位。甲癸申。貪狼一路行。

註：挨星五行卽九星五行也。貪巨祿文廉武破輔弼一一挨去，故曰挨星。元空大卦五行亦卽挨星五行，名異而實同者也。此五行原本洛書九氣，而上應北斗主宰天地化育之道，幹維元運，萬古而不能外也。此九星與八宮掌訣九星不同，唐使僧一行作卦例以擾外國，專取貪巨武爲三吉，其實非也。夫九星乃七政之根源，八卦乃乾坤之法象，皆天實地符，精華妙氣。顧於其中分彼此，比優劣，眞庸愚之識，詭怪之談矣。止是天地流行之妙，與時相合者吉，與時相背者凶，故九星八卦本無不吉，而有時乎吉。本無有凶，而有時乎凶。所以其中有趨有避，眞機妙用全須秘密耳。眞知九星者，豈惟貪巨武爲三吉，卽破祿廉文輔弼六凶，亦有吉時。眞知八卦者，豈惟坎離乾坤四陽卦爲凶，卽震巽兌艮四陰卦亦有凶時，斯得元空大卦之眞訣矣。奧語首揭此章，乃挨大卦之條例。坤壬乙非盡巨門，而與巨門爲一例；艮丙辛非盡破

軍，而與破軍爲一例；巽辰亥非盡武曲，而與武曲爲一例；甲癸申非盡貪狼，而與貪狼爲一例。其中隱然有挨星口訣，必待眞傳，人可推測而得矣。若舊註以坤壬乙三干從申子辰三合爲水局，故曰文曲。艮丙辛天干從寅午戌三合爲火局，故曰廉貞之類謬矣。又有云長生爲貪狼，臨官爲巨門，帝旺爲武曲亦謬。

補註：挨星五行卽元空五行。元者，當元之生旺。空者，背運之衰死。五行者，原本爲洛書九星氣。上應七星斗柄，主宰天地造化之機，亦則地理入用之根源。九星者，貪巨祿文廉武破輔弼。九氣者，一白、二黑、三碧、四綠、五黃、六白、七赤、八白、九紫，此九氣而分三元。上元一、二、三，中元四、五、六，下元七、八、九，此三元九氣輪當進退動靜生旺衰死之機也，故楊公以此謂之挨星。挨者，輪當之意也，啓發之機也，趨生避死之法則。訣曰：坤壬乙，巨門從頭出，何爲從頭出？艮丙辛，位位是破軍，是破軍也。巽辰亥，盡是武曲位。武曲金也。甲癸申，貪狼一路行。一路者，直達之生機。此節只言八句十二字，其訣已盡其義矣。坤壬乙與艮丙辛兩兩相對，一山一水之用法已不言而自明矣。下二句得訣則明，其原理則從陰陽交媾而來，卽所謂二十四山管三卦是也。明乎三般卦例之理，便識得山水配合之法，得入元空之正門，蔣氏除奧語不註，亦爲此意。註書之難，下筆不易，爲學術而不言，不免欺世，欲盡言之，設或傳非其人，又恐受天譴，故曰：須傳心傳眼者此也。擇人而授，口口相傳。姜註：此中有隱然挨星口訣，莫非在句末。然則巨破武貪四字，又言必待眞傳，人可推測而得。則言龍水向穴之句，實已自道其秘矣。否則既已詳註，何必再加此語乎。自露其秘而不宣之言詞，實已洩漏春光也。其開口既言挨星五行，又曰元空大卦五行，又云此九星與八宮掌訣九星不同，貪巨祿文一一挨去，曰名異而實同，孰是孰非，令人莫辨。本文曰奧語，姜註乃奧之又奧也。蔣氏不言而待姜氏言者，亦奧之意也。註解之難實難矣，先賢必立誓而授，良有以也。

左為陽。子癸至亥壬。右為陰。午丁至巳丙。

註：此節言大五行陰陽交媾之例。如陽在子癸至亥壬，則陰必在午丁至巳丙矣。自子至壬，自午至丙，路路有陽，路路有陰，以此爲例，須人自悟也，非拘定左邊爲陽，右邊爲陰。若陰在左邊，則陽必在右邊矣。亦可云左右，亦可云東西，亦可云前後，亦可云南北，皆不定之位。雌雄交媾非有死法，故曰元空。舊註，自子丑至戌亥左旋爲陽，自午至申未右旋爲陰亦謬矣。

補註：左陽右陰者，乃相對之義也，交媾之法則，亦可云動靜，亦可曰東西，亦可言前後，皆無定位。而「子癸至亥壬、午丁至巳丙」此二句乃是楊公之隱語，因陰陽卦卦皆有，不可拘定左陽右陰之定位，此元空雌雄交媾之法，在河圖洛書之數中，人可悟出，有則矣，學者自究矣。

雌與雄。交會合元空。雄與雌。元空卦內推。

註：元空之義，見於曾序江南節註。

補註：「雌與雄，交會合元空。」此上句以有形之質求無形之氣而言矣。如源流之脈在江東來，其龍氣反在江西，如源流脈從江南而龍氣反在江北。故楊公在平洋捉龍之法是以有形之質求之，故曰交會合元空之顛倒也。下句「雄與雌，元空卦內推。」外氣已識，而後可談內氣之配合，內氣配合在三般卦內定之，故曰元空卦內推。卽曾公所謂先看金龍動不動，次察血脈認來龍是也。若不知其血脈，要如何下卦定穴？必先識其血脈，視其血脈兼何陰陽，下卦定穴必兼何陰陽矣，故言元空卦內推詳。

山與水。須要明此理。水與山。禍福盡相關。

註：山有山之卦氣，水有水之卦氣，脫不得陰陽交媾之理。山有山之禍福，水有水之禍福，有山禍而水福，有山福而水禍，有山水皆福，有山水皆禍，互相關涉，品配為用。

補註：上二節云陰陽雌雄元空大卦之理，本節言山與水，水與山。識得上節陽陰顛倒、左旋右轉之法，雌雄交媾之理，必須與山水相配合。經曰：體無用而不靈，用無體而不驗，形氣須配合，而世人往往有重體不重用。而重用反不重體者，誤矣。必須體用配合為宜。言體必

形意兼備、乃上上之作也.

須要雌雄交媾，情意相應，言用須先知其血脈、分金口、三吉六秀龍、三般大法。然用生旺在向首，謂之正神立向。衰死用在水，謂之發水入零堂。故曰山有山之禍福，水有水之禍福，若能山水同收，青雲道路富貴人。

明元空。只在五行中。知此法。不須尋納甲。

註：九星五行大卦之法，只明元空二字之義，則衰旺生死瞭然指掌之間，不必尋乾納甲、坤納乙、巽納辛、艮納丙、兌納丁、震納庚、離納壬、坎納癸之天父地母。一行所造卦例矣。

補註：明元空者，元者乃元運之氣，當元之運曰旺，未來之運曰生，初過之運曰衰，過久之運曰死。空者，無也，萬事萬物皆無，無者死也，而衰死之氣用在水，故曰空也，代表水。言生旺之氣用於龍向，衰死之氣用在坐水，故生旺衰死須當配合，陰陽雌雄須要交媾，故言只在五行中。此五行非水尅火、金尅木、土尅水之五行，乃是生、旺、衰、死之五行，若能識得生、旺、衰、死之義，卽不必尋納甲矣。此納甲之義非用在水龍也，實用在山龍之法矣。卽曾公所謂山上龍神不下水，水裏龍神不上山。楊公恐世人用錯，特言此語也，學者愼之。

顛顛倒。二十四山有珠寶。順逆行。二十四山有火坑。

註：顚倒順逆，皆言陰陽交媾之妙。二十四山陰陽不一，吉凶無定，合生旺則吉，逢衰敗則凶。

山山皆有珠寶，山山皆有火坑，毫釐千里，間不容髮，非得青囊之秘，何以能辨之乎。

補註：顛顛倒者，源流脈路有顛倒，八卦三爻有顛倒矣。此節言八卦三爻共成二十四山，而二十四山各分十二陰十二陽，有時陽順陰逆，有時陰順陽逆，陰陽順逆不一，故曰顛顛倒。吉凶無定，二十四山皆有吉凶矣。若能識得青囊之秘者，便能知何時何山之吉凶。陰陽之法在天玉言詳矣，學者當自悟先賢不洩之法，吾今各以言詳也。

認金龍。一經一緯義不窮。動不動。直待高人施妙用。

註：易云乾爲龍。乾屬金，乃指先天眞陽之氣，無形可見者也，地理取義於龍正謂此耳。一經一緯，卽陰陽交媾之妙。金龍之經緯隨處而有，而動與不動，去取分焉。必其龍之動，而後妙用出焉。若不動者，不可用也。金龍既屬無形，從何可認？認得動處，卽知用法，所以有待高人也歟。

補註：認金龍者，生旺氣之別名也。有體用之義。體者，言形象也；用者，言數也。形象者，平洋大地無脈可尋，只以水爲據。水有灣環兜抱者，曰動有氣，有情有意，曰金龍動。若水直、斜、尖，曰不動無氣，無情無意有煞。此以形象言之。若以數言，認其來源之血脈有當元否。龍要得生旺之元氣，水要得背元之死氣，曰得時。若能知此，便可識認金龍，可見認金龍之重要也。一經一緯者，乃體用、陰陽、雌雄交媾之大法，故曰義不窮。此經蔣氏不註，是要給姜氏言，而姜氏不肯筆之於書，余亦有難處，學者自悟可也。動不動，直待高人施妙用者，此言皆曰人若得青囊之秘，有得口傳便是高人，可以施其妙法矣。卽是陸地仙也。

第一義。要識龍身行與止。

識山脈走勢．察其来処．望其出處

註：上節言金龍之動不動，而此節緊頂龍身行與止，學者不可忽也。蓋有動則有止，不動則雖有金龍，只是行龍，原無止氣。故高人妙用以此爲第一，有此一著然後其餘作法可次第而及也。

補註：要識龍身行與止。龍身者，乃言源流之血脈也。行者，一路之行度也。止者，到頭一節之息也，亦可謂元辰之處也。總之一路之彎曲，龍身之貴。一路之直，龍身之僵。一路彎曲不出三般，則行度之生旺。若出三般，卽行度之素。一路到頭有情意之息止，爲穴之生；一路有洩道穴之死。故蔣氏曰一道單傳養太和，若是洩道皆無取是也。

第二元。來脈明堂不可偏。

註：來脈明堂不可偏，非謂明堂必與水脈直對不可偏側也，若如所云，則子龍必作午向，亥龍必作巳向矣。來脈結穴，變化不一，有直結者、有橫結者，有側結者，豈可執一。楊公之意，蓋謂來脈自有來脈之受氣，明堂自有明堂之受氣，二者須各乘生旺，兼而收之，不可偏廢也

。

補註：來脈者，發源之水脈灣曲而來，自有息處之受氣在堂。明堂者，非直向之對，乃是左右之明堂。何令通曰脈不直而氣直，何畏直來受，氣不斜而棺斜。乃爲正貫正承也。姜註兼而收之不可偏廢卽蔣氏曰正受者直達之機兼補救之法是也。若要知兼，必須先知血脈之子息，不可雜兼，愼之勿誤。

第三法。傳送功曹不高壓。

註：傳送功曹，乃左右護龍星辰。蓋眞龍起頂，必高於護砂，乃爲正結。若左右二星反壓本山，非龍體之正矣，平地亦然。貼身左右有高地掩蔽陽和，房分不均，俗術所不覺也。

補註：此節姜氏已言明，要之賓主有禮。若賓高主低曰賓奪主，謂之奴欺主，無禮也。

第四奇。明堂十字有元微。

註：十字元微乃裁穴定向之法。誠哉其元微歟。

補註：十字者，極也，穴心也，前後左右高低也。務必處處相稱。若以形象言，左右有情有意相親，前灣兜，後有托受，惟在目力智取。若以用言，難以下筆，故姜註誠哉其元微歟。此元微者，雌雄交媾之大法。天玉經曰正神安在向，撥水入零堂是也。天干大五行曰乙丙交而趨戌，辛壬會而聚辰，牛斗納丁庚之炁，金羊收癸甲之靈。此希夷先生八大水口之四局也。甲癸、乙丙、辛壬、丁庚，天根月窟，夫婦生成。如非眞正配偶，卽爲陰陽差錯。亦是天玉經之經四位而起父母也。而司馬水法解云：「乙甲艮兼丁丙巽。辛庚坤與癸壬乾。貴人三合連珠水。三合連珠爛了錢。」又曰：「乾癸坤辛是正奇。艮乙巽丁過度時。若是相逢順逆轉。爲官早折桂中枝。」此交媾之法，先賢後賢一法，若能識此，便能識解元空之秘矣。

第五妙。前後青龍兩相照。

註：前後靑龍兩相照，從安托龍虎定穴法者，此義易知。

第六秘。八國城門鎖正氣。

註：八國，城也。八國有不滿之處，是曰城門。蓋城門通正氣之出入，而八國鎖之。觀其鎖定之方，便知是何卦之正氣，以測生旺而定吉凶也，故曰秘。

補註：八國者，八方也，八卦也。城門者，來去二口也，非拘定左右。只要來氣之方有眞，出之方要交鎖眞氣便聚。姜氏註：觀其鎖定之方，便知是何卦之正氣，以測生旺而定吉凶也，故曰秘。此語實有秘也。何令通曰：「來路看四生。坐下看四絕。局內看三合。向上看雙金」是也。幕講師曰：「吉則當乘氣。將棺貼水冲。凶須來就局。覓水問眞踪。」然先賢後賢說法一處，可見此城門訣之重矣，學者可細思之。

第七奧。要向天心尋十道。

註：此句緊頂八國城門而來。蓋城門既定正氣之來蹤，而又當於穴內分淸十道，乃知入穴正氣，廣狹輕重，銖兩平衡之辨。故曰奧。此兩節專言入穴正氣，非論形勢也。不然則與明堂十字，前後靑龍兩條不幾於複乎。

補註：此節乃承接上句城門八方之正氣也。城門來蹤既定，然要向天心求十道。此坐向則乘三吉六秀龍，故曰穴內之正氣。蔣氏曰：「向首一星災福柄。來去二口生死門。」周氏曰：「八國團團総是空。須從元奧辨雌雄。天機得用無多妙。只在城門一卦通」是也。楊曾諸仙雖隱指，誰將地羅辨是非，照定三叉何處開，便知排龍自何來。

第八裁。屈曲流神認去來。

註：屈曲流神，已是合格之地，然有此卦來則吉，彼卦來則凶者，槩以屈曲而用之，誤矣。須有裁度，乃可變通取用，故曰裁。以上皆審氣之眞訣，至微至渺者，一著不到將有滲漏而失眞情矣。

補註：此屈曲流神本已合法，認去來者，認來氣之生死。如來氣合元者吉，不合元者凶，而此須有裁度。裁度者，有變通也。故云靑囊萬貫，總不出體用二字。體有山水之分。用有得失之辨，體有移步之不同，用有隨時之更變。用必依形而顯休咎，體必因氣而見吉凶。要之體無用而不靈，用無體而不應驗，必須形氣兩兼也。

第九神。任他平地與青雲。

第十真。若有一缺非真情。

註：平地高山，總無二法。上八句各是一義，末二句不過叮嚀以囑之。語氣湊拍，借成十節耳。

明倒杖。卦坐陰陽何必想。

註：此以下二節，專指山龍穴法，與平地無涉。因世人拘執淨陰淨陽之說，故一語破之。倒杖非必如俗傳十二倒杖法，此後人僞造也。只接脈二字，足盡倒杖之眞訣。既知接脈，便知眞穴，既得眞穴，便有眞向。自然之陰陽已得，又何必淨陰淨陽之拘哉。

補註：倒杖者，倒地之倒也。杖者，木杖、竹杖也。乃言山龍自有天然之穴，觀落脈，觀其左右情勢。觀其前面有親意，不可反背，不可冲射，天門有開，地戶有交鎖，八方無缺，有藏風聚氣。向天心十道，將木杖放在地上向有情意之處一指，然後以羅盤測其坐山向度，以備擇日之用，故曰倒杖。若能知倒杖之法，何必拘定淨陰淨陽，其卦例又何必想。

誠掌謨。太極分明必有圖。

註：山龍之穴，必有太極暈藏於地中，此暈變化不同，其理則一，非道眼孰能剖露哉。

補註：誠掌謨。誠者，實在也。謨者，無有也。言山龍之法，實在無有掌訣矣。而後世改為模字，解說有掌訣，余恐有誤，楊公已言明矣。明倒杖，卦坐陰陽何必想。太極分明必有圖矣，何必多此一解。姜註：山龍眞穴，必有太極暈藏於地中，此暈變化不同，而其理則一，非道眼孰能剖露哉。何謂道眼？識者謂道眼。何識之？過脈處可看出也。如過脈處有何物，穴場必有何物。過脈處乃是分金口，故曰分金在山水中，其理一也。

知化氣。生尅制化須熟記。

註：生旺之氣爲生，衰敗之氣爲尅，扶生旺之氣，勝衰敗之氣，是謂制化，此一節兼平地而言。

補註：知化氣，此山龍星體，五星化爲九曜也。而金、木、水、火、土之星體，有生、尅、制、化之理，須要熟記。而平地水龍亦有變化之氣，以生旺之氣用在龍向，以衰死之氣用在坐水，此法必須熟記矣。

說五星。方圓尖秀要分明。曉高低。星峰須辨得元微。鬼與曜。生死去來真要妙。

註：此三節皆論山龍形體，不須另解。鬼曜之生死去來，是辨龍穴之要著也。龍之轉結者，背必有鬼，有穴星如許長，鬼亦如許長者。俗眼難辨，有反在鬼上求穴者，不知穴星是來脈爲生，鬼身是去脈爲死，察其去來則眞僞立辨矣。盡龍左右，龍虎都生曜氣，向外反張，有似砂之飛走者，此眞氣有餘，直衝上前。而餘帶轉，如人當風振臂，衣袖飄揚反向後也。在眞龍正穴，則爲曜氣，在無有穴之地，則爲砂飛。此其辨在龍穴而不在砂也。

補註：此節姜氏條理已註明，余不多筆。要之目巧意會。

向放水。生旺有吉休囚否。

註：向中放水，世人莫不以來水特朝爲至吉，去水元辰走泄爲至凶。殊不知向上之水，不論來去，若合生旺，則來固吉，去亦吉。若逢休囚，則去固凶，來亦凶。楊公因向上之水關係尤緊，其說最能誤人，故特辨之。

補註：向放水者，有訣也。其向水不可直來直去、斜來斜去，直斜皆有煞也，必要玄之曲也，故曰九曲入朝堂，其水不論來去皆吉。此以有形言之。而其立向有法矣。生旺之氣用在向，衰死之氣必在水，故楊公云：「乾山乾向水朝乾，乾峰出狀元。卯山卯向卯源水，驟富比石崇。午山午向午來堂，大將値邊疆。坤山坤向坤水流，富貴永無休。」若得識此訣，便知向放水，生旺有吉休囚否。姜氏不言明，自有所秘也，恐洩天機，只留口傳。若有緣者亦可自悟。

二十四山分五行。知得榮枯死與生。翻天倒地對不同。其中秘密在元空。認龍立穴要分明。在人仔細辨天心。天心旣辨穴何難。但把向中放水看。從外生入名為進。定知財寶積如山。從內生出名為退。家內錢財皆盡廢。生入尅入名為旺。子孫高官盡富貴。

註：元空大卦之妙，祇翻天倒地對不同七字。二十四山旣分定五行，則榮枯生死宜有一定矣。及

其入用，有用於此時則吉，用於彼時則凶者，時之對不同者其一也。有用之此處則吉，用之彼處則凶者，物之對不同者又其一也。此其秘理之理，非傳心不可。天心卽上文第七奥之天心，另有辨法，非時師所謂天心十道也。若如時之說，又何用仔細辨。天心旣辨，則穴中正氣已定。而撓其權者，在向中所放之水也。從外生入，從內生出，乃言穴中所向之氣也。我居於衰敗，而受外來生旺之氣，謂從外生入；我居於生旺，而受外來衰敗之氣，似乎我反生之，故云從內生出也。穴中旣有生入之氣，而水又在衰敗之方，則水來尅我適所以生我也，內外之氣，一生一尅皆成生旺，兩美相合，諸福畢臻，所以高官富貴有異於常也。此其中正有對不同者存焉。舊註小元空水，生向尅向爲進神，向生水尅，水爲退神非是，豈有青囊兩元空五行也。

補註：二十四山分五行爲元空大卦之妙法。此八卦三山分別十二陰十二陽，其卦數有生旺衰死之別，有進退左旋右轉之分。配合九星斗柄之運轉。而翻天倒地對不同者，元空理氣用法不同也，非一般卦例。如九星則貪、巨、祿、文、廉、武、破、輔、弼，配合斗柄之輪轉也，故曰有用於此時則吉，用於彼時則凶。無傳心傳口者不能得識，非有智者可識矣，只待有緣人。認龍立穴之法在曾序江南節已明言。立穴者，重在交媾之理，亦須細辨天心。天心者，斗柄所指處也，故司馬云：「何者爲我福。坐貪向破是。」故曰天心旣辨，穴有何難否。實有何難也。但把向中放水看，此句重在「放水看」字。幕講師云：「元辰水值凶，龍穴皆相得，山向合元辰，一代丁財的，三卦一氣通，九世貴無敵。」從外生入名爲進，定知財寶積如山。從內生出名爲退，家內錢財皆盡廢。此二句姜註詳明。而生入尅入者，則元空大卦三合聯珠大法也，總在零神正神之分別矣。會用者，正神安在向、零神安水，自然龍生向旺水合三吉矣，亦可言重在一生一死之義也。若錯用其生死，即家內錢財廢盡也。

脈息生旺要知因。龍歇脈寒災禍侵。縱有他山來救助。空勞祿馬護龍行。

註：此下二節，總一篇之意。言先尋龍脈，以定穴之有無。次論九星，以辨氣之吉凶。此一節先言形體，而以來龍之脈息爲重，外砂之護夾爲輕。

補註：脈息者，形體也。其源流之脈路有無當運。息處之金龍有動無動，有動則氣盛致福。若其來源一路背運，其脈寒龍衰，息處不動硬直，則氣死有煞凶災禍侵。若寒脈息處硬直，縱安祿馬貴人亦無用。

勸君再把星辰辨。吉凶禍福如神見。識得此篇真妙微。又見郭璞再出現。

註：此一節乃言卦氣，而以九星大五行爲主。言如上節所云，雖得來龍脈息之眞穴，而吉凶禍福尚未能取，必勸君再把挨星訣法，細審衰旺生死，而後可趨吉而避凶轉禍爲福。一篇之旨，

不過如此。苟能識得微妙，則前賢與後賢一般見識，一般作用，青囊三卷更無餘義矣。

總論楊公此篇先言元空大卦、挨星五行。卽青囊經上卷陽生於陰之義，下卷理寓於氣之妙用也。其言倒杖太極暈，五星脈息，卽青囊經中卷形止氣蓄之氣。而下卷氣囿於形之妙用也，一形一氣括盡青囊之旨究其元機正訣，如環無端，不可捉摸，謂之曰奧語，宜哉。

補註：勸君再把星辰辨者，用九星元空五行結束全篇之文。星辰乃斗柄之運轉也，吉凶禍福如神見，全在生旺衰死之分別，若能識得此篇法訣，形勢理氣之運用又見郭璞後人再現也。

卷四

地理五歌水龍

明杜陵蔣平階著　羅群註

水龍來要有根源。大地平鋪一片氈。

註：蔣氏開卷言「根源」二字，可見學有眞傳。水龍別有作用，根源者，爲龍之出脈也。其來源要當生旺，以此爲定卦分星之根由也，可爲城門訣一卦通。幕講云詳地問元辰，曾公曰朱雀發源生旺氣，先賢後賢皆言一處之源也。平洋大地，一片平鋪，地中並無脈脊可尋。從何着手？惟以水爲據，故楊公曰：「但看出身一路脈。到頭要看水土金。又從分水脈脊處。便把羅經照出路。」是也。

首尾去來無定所。分枝過峽不須言。莫把高低尋起伏。休猜渡水復穿田。山是眞陽神在骨。地是純陰精在血。山常葬骨不離肉。地惟葬肉不離血。人言生氣地中求。豈知生氣水邊流。流到水邊逢界水。平原灝氣盡兜收。

註：此節言水龍與山龍不同看法，恐世人不信，用法有誤，故言之詳明。而山龍以石爲骨，葬骨不離肉，卽言要深葬。而水龍平洋之地，氣在皮面，以水之光吸氣，故曰生氣水邊流也。以水爲血。歸厚錄曰：地血爲水，地骨爲石，葬山依骨，葬地依血，平洋大地，純陰不化，必

要江河通達陽氣，分出小流界氣，即能收元通竅矣。

大江大河幹龍形。小溪小澗支龍情。幹水漭蕩少真穴。猶如高山無正結。支水屈曲情相得。譬若成胎有落脈。

註：此言江河大水如高山幹龍少結穴，必要分出支流水，環灣生情，故結穴必依支水，亦是造化根源也，亦可言分金。曾公曰：水對三叉細認踪。若支水有結穴，更要通幹水之生旺力量，其發福可又久矣。

山性本火。主炎上。水性純水主潤下。炎上高起是真龍。潤下低蓄是朝宗。山穴後高丁祿盛。水穴後高絕無踪。自上而下山之止。自外入內水之止。山來多止止求真。水來多止止貴神。若是止形皆可穴。頑山頑水盡黃金。

註：此皆言山龍水龍其性各別，作用不同。山龍必須坐實朝空，水龍異於坐空朝實，故曾求己曰「山上龍神不下水，水裏龍神不上山。」若論山之止，能識金精之眞，百事已了。葬書所謂乘金是也。言水之止，必用三元八卦六甲之法，元・關・竅，一氣相通，此中自有神妙。即天玉外傳所謂「山上龍神不下水，巒頭猶易會。水裏龍神不上山，此處有元關。」俗人以頑山頑水爲無用之地，而不知眞止者，此處蓋有黃金也，故曰若是止形皆可穴。

我有水龍真要訣。水形有轉是真結。直來直去水之僵。有灣有動龍之用。一轉名為抱穴龍。抱穴富貴在其中。二轉三轉貴不歇。四轉卿相不須說。

註：言水龍眞訣，貴在轉灣。硬直爲僵，有灣爲抱，有轉卽爲動，故曾公曰：「先看金龍動不動，次察血脈認來龍。」一轉灣越多越貴。卽司馬云：「重重生氣入關中，連逢三五貴三公。」然水之轉灣，須節節合生旺氣而後可穴，若不合生旺之氣，雖轉灣多亦無益也。

轉處不分名息道。轉處分流名漏道。惟有息道是真龍。漏道多轉總成空。轉水不漏皆堪穴。不必止處求盡結。盡結原來是龍頭。轉處腰腹亦兼收。龍頭偏側俱精妙。腰腹完全力始悠。

註：此節言水龍結穴，有分別眞假，眞者爲息，假者爲漏。何者息漏。息者一路轉灣到盡頭，漏者半路而分轉也。如來源一路生旺，坐下水環抱，謂之氣息相通。作穴水龍之頭，固然精妙，卽作穴在水龍之腰，更得力量完全，又何不可。若來源坐下，漏去旺水，雖灣環相抱，總成空也。故學者惟漏息二道宜講究矣。

求全不用水來多。一道單傳養太和。更有沓龍從外護。愈多愈美酒添酥。雖取羣龍來輔佐。還從一道作龍窠。別有雌雄兩道交。交時却似馬同槽。此是水龍奇妙格。相呑相戀福難消。

註：此言水龍作穴，以內局先到之水爲主。外局護衞雖愈多愈美，然不過爲主龍之輔佐，只要水龍有生成相配，內清合局，縱外局未合，尙可暫爲發福。卽幕師曰。內清外局凶，當時先發跡也。若內局不合，外局雖合，終屬無益，故言內氣不接胎元絕矣。幕師又曰。元辰若斷橋

，外氣總無力。更有水龍奇妙，惟見雌雄兩道之水，各値當旺，迭爲特權，以之作穴，發福悠久也。

水中亦有穴龍星。五曜時時現在形。五曜只求金水土。木身中轉土之情。直木火星皆最忌。水形吞吐露金精。若應三垣并列宿。官階品職最分明。

註：此言水龍亦分五星，木火二星不眞情，惟有金土水爲正結。古云方土圓金大吉圖，水星須吐露金精方可入格取用，直木斜火皆有煞氣，錯認貴氣損前程，皆須切忌。若作穴必要生成配合，又要成水城垣局。如上應天星三垣，卽青囊經曰。天市春宮，少微西掖，太微南垣，則官職之崇卑，不從此可分明乎。

五星論定穴應裁。三法就邊慧開。坐水騎龍為上格。挾水倚龍亦佳城。向水攀龍非不美。後山水蔭始無衰。掛角並兼三法定。莫侵漏道損龍胎。

註：此言五星以明，水龍作用定在三穴法。一格以坐水爲騎龍，二格挾水爲倚龍，三格向水爲攀龍。惟攀龍一格，穴後要有水蔭始可無衰，不然一發卽退。郭景純葬經曰：爲攀、爲倚、爲坐、爲夾、爲雙關、爲弔、爲聚、爲交、爲照，故曰九章穴法。然作法雖多，亦不離騎、倚、攀三法。蔣氏曰：雖定三法，更不要侵漏道，卽不會損龍胎。

龍胎雖固稱人心。遠水安墳死氣侵。粘着水痕扦胎肉。陰陽交渡自生春。真龍短時結氣短。真水長時實可誇。平氣不如環氣足。尤逢動發萌芽。

註：龍胎者，結穴處也，亦爲息道。息道之龍，人人之所喜，然要近水立穴，不可遠水立穴。若遠水立穴不能接氣，反來死氣侵入，以致災禍，近水立穴則生氣接可發福矣。幕講曰將棺粘水冲，言近水也。又云：中宮立穴必敗，五黃不變，邊角受穴多興，界水氣聚是也。且息道之水短者，其發亦短。息道之龍長者，其發亦久長。平氣者，爲息道之直，不如息道之環灣抱爲氣足，有轉動者發福如萌芽。故楊公曰：擺頭直出是分龍，須取何家龍脈蹤是也。

更有一端分別處。淺深濶狹辨龍車。水若乘車號秀龍。空車湖蕩是痴龍。得運痴龍猶富貴。外情內情要相從。帶秀痴龍猶顯貴。痴龍後蔭福無窮。

註：此節言水濶狹深淺，必要辨別。湖澤之處，名曰痴龍，立穴必須內外有情，只要得元運，亦可發富。大湖間若有支水揷入，名曰痴龍出秀，貴顯無疑，然須後蔭水，即能發長久矣。

從來水路後天成。不同山骨先天生。山骨補培終不應。水脈疏而引真情。莫道人工遜天造。江河淮泗禹功平。

註：此節言水龍法屬後天，人可疏引。不如山龍屬先天，天生自然，人工不能補培。若水脈疏引眞氣入穴，亦本天然，發福亦然，古人云人定亦可勝天矣。江河淮泗禹功平，且洛出神龜，負文而列於背，有數一至九，禹遂因而第之，以成九類，名曰洛書，爲後天，爲水龍入用之

本。何令通曰：用後天以布局，尤宜審乎三般卦例也。

水龍剖盡骨生香。入用玄機不可量。八卦三元幷九曜。毫之差錯落空亡。

註：此言重申水龍與山龍作法有異。其言入用玄機，總不離八卦九星三元，會用則得其眞，不識者終於成空，若有一毫之差卽千里別矣。

問君八卦如何取。洛書大數先天矩。五帝三王緯地書。九州九井多經紀。只把傍龍一卦藏。莫憑三八分條理。識得九龍龍骨真。龍若不真飛不起。

註：此節言八卦如何取用。以後天洛書之九星，本先天河圖的規矩。如坐洛書之弼向貪，卽爲後天之坎離也，而城門必在洛書之武，卽河圖一六共宗，故後天洛書之用，不離先天河圖之體矣。固爲帝王經緯地輿之書，劃九州分九井，其經紀天下尤足多矣。而平洋以後天立穴，大約領取一卦之氣，不必細分三山。歸厚錄曰：「平地有氣。氣則同情。茫茫庸術。干支徑庭。」楊公云：「千災萬禍少人知。克者論宗支。」蓋洛書九星，順用逆用龍運始眞，故水龍生旺衰死皆在此也。

九龍八卦貴乘時。上下三元各有益。葬著旺龍當代發。葬著平龍發跡遲。葬著死龍憂敗絕，縱然合格也難支。不是八神齊到穴。出元之局莫相依。

註：言洛書九星後天八卦之用，貴在乘時當元運。故楊公曰：「識得陰陽玄妙理。知其衰旺生與

死。」故生旺衰死，本在三元之別，則主運輔運，由此而分。如上元坎一主運，二坤、三震爲輔運也。言旺龍者，如上元時立上元龍是也。所謂平龍，如上元時葬中元是也。所言死龍，如上元時立下元龍是也。何者謂八神齊到？如一卦分三卦，三卦各有八神，故曰八神齊到。然卽不出三卦中之一卦也，故楊公曰：「卦內八卦不出位，代代人尊貴。」再兼當元合運，卽合格宜扦，否則雖有嫩水灣抱，亦莫相依據矣。

定穴惟看貼水城。毫厘尺寸要澄清。更有照神能奪氣。外洋光透失宮星。宮星若重平分勢。照星若重獨持衡。外照過多分氣亂。必定分房運改更。

註：此節貼水之定義，地盤之經緯，水法之縱橫，毫厘尺寸須要格清，所言一線之差矣，可不愼乎。然穴既定，外洋照神亦要明。內局宮星宜細辨，宮星若得元運之水輕，照神失運之水重，則照神必奪其貴。若照神失運之水重，而宮星得運之水亦重，必然平分之勢矣。若照神同運，原爲外洋得力，然外照過多，不無夾雜，房分運氣，必定改更，學者當此留意庶免差誤也。

更有水龍真骨髓。只將對脈論來情。來情若在真元位。諸局參差一半輕。轉折短長純雜處。此中消算眼惺惺。

註：平洋水龍捉脈之眞訣，只在來源眞情，卽出身一路脈也。來情節節合格，一滴不漏，則無患

參差之局。內局生成相配，從此夫婦交媾，爲之收山出煞可也。卽楊公所云城門一訣最爲良。而水之轉折長短，或純或雜，必以卦爻爲消算，而眼目不幾惺惺乎。

三元旣辨龍神旺。九曜不純龍力喪。此是元空大五行。山水卦爻應天象。在天北斗司元氣。在地八卦顯天心。四吉四凶分順逆。父母二卦顛倒輪。向首一星災福柄。來去二口生死門。

註：三元之氣運，本在六甲推龍神之進退生死矣。若洛書九曜，雜而不純者，龍力亦爲之喪失。此是元穴大五行之要訣矣。大地山水，本在三八卦爻推究。而其用者，必本九曜之天星也。九曜者，北斗也。北斗在天，能司元氣轉移之大權，故鬼臾區云：「九星懸朗。七曜周旋。北斗在地。能顯八卦天心正運。」楊公云：「合得天心造化工」。所謂地道承天，吉凶隨天星之氣而定，卽順元乘時九運挨星也。其運雖分三元，而其實上下兩元矣。故蔣氏在龍圖上曰：上元江東四卦貪狼領局，一、二、三、四之卦，六、七、八、九在貪。下元江西四卦右弼領局，六、七、八、九之卦，一、二、三、四在弼。卽天玉經云：東西兩卦雖寃結，其家有姻戚。若用上元之山，而誤用下元之龍則凶。若用下元之水，而誤用上元之氣亦凶。若用上元爲吉，則下元必凶，以下元爲吉，則上元必凶。固有吉凶順逆之分。楊公曰：若行公位看順逆，接得方奇特。若論父母者，洛書大數一九也，一爲貪九爲弼，用山運之卦爲順，水運之卦爲逆，顛倒輪當也。然操災福之柄者，言向首一星也，此以山運爲主，自一至九定其

生死之門。若言來去二口者，以水運爲主，自九至一而推。此蔣公吐露天機而世多不曉，所以水法難明。至今水法言明，有意學地理者，棄僞就眞，學此元空大法則世之幸也。

四經洪範並三合。八曜黃泉枉問津。尤恨去來生旺墓。害人父母絕兒孫。能將九曜為喉舌。大地乾坤一口呑。

註：言以上僞法，害人絕嗣，切不可用。惟學元空九曜挨星，爲地理之喉舌，眞法訣也。楊公曰：五星配出九星名，天下任橫行，則大地之乾坤一口可呑也。卽曾公云：用此量山與步水，百里江山一晌間。理氣之用，蔣公歸重九曜，卽楊公所言惟有挨星爲最貴之意也。所以近世地理之學，惟蔣公及周氏得傳正統而無負於楊曾廖賴，亦從此可見矣。

更說高原無水地。亦有隱穴在其際。乘高臨下卽江河。萬頃低平能界氣。高低數尺合三元。一旦繁華諸福至。若坐低空在後山。數世箕裘常不替。江北中條平地龍。無山切莫强尋蹤。雖然乾流無水道。溝渠點滴有神功。隱隱微茫看水去。葬法實與江南同。高山坦處盡平田。莫作山龍一樣看。若遇乾原或際水。亦將此法論三元。

註：此言平洋有水之地，固以三元爲準，卽高原無水之地，江北平地之龍與高山平地之處，雖分三等，而其所以致用者，亦莫不以三元爲準，此卽楊公所謂此訣元機大祖宗也。

山本陽精中抱陰。陰精是水陽內存。葬陽得陰陰漸長。葬陰得陽陽驟伸。

註：此論山水陰陽，各須配合，用陽要陰配，用陰要陽合。陽若無陰定不成，陰若無陽定不生。然羅經格法，只用陰陽兩字。落脈處或左或右，兼用處或前或後，全在天心正運來龍眞氣也。

杜陵狂客不勝愁。四十無家浪白頭。只為尋山貪幹氣。蒼苔古道漫淹留。水龍一卷贈知己。大地陽春及早收。

註：蔣氏自言貪尋山龍幹氣。古道淹留，幾忘歲月，心志艱苦，眞爲難得。所以特著水龍一卷，呼喚世人莫貪山龍之幹氣，而早日收盡水龍之大地，則蔣公救世之婆心從此可見其義也。吾觀蔣氏水龍，實有理氣眞傳，而語多隱秘，讀之難明難知，自有浪洩天機之戒。然近世能通此道者，實不易逢，識知此道者，不輕易洩也。而世至今難知，蓋不知此訣而不用，以此篇實爲空傳，強知此訣而訛用，此篇爲禍世。周氏梅梁曰：知此道而隱眞機誤世，不若明眞機利世。吾思之卽爲之註，不再隱秘，因知此道而不洩則爲誤世也。而今註明，望有志學水龍者，從此意悟入於元空正門，惟有元空大卦，乃陰陽五行大祖宗也。

靈城精義

理氣章

南唐何令通著　中華羅群註

地無精氣。以星光為精氣。地無吉凶。以星氣為吉凶。

註：天有氣以成五星之象，地有氣以成五行之形，皆以陰陽二氣爲互根，所謂以有形象，而求無形之氣。地本無吉凶，以形象爲吉凶。有運無運，皆以洛書大數爲消息，而作用之權，惟在斗星爲主，故曰地道承天。既得天星之精氣，皆以天星爲吉凶也，故曰斗星九氣，爲地理入用之本，地之吉凶禍福，皆斗柄七星之運轉也，故以星氣爲吉凶。

用先天以統龍。當詳明於四龍天星。用後天以布局。尤宜審三盤卦例。

註：用先天卦乾兌離震之地，必以巽坎艮坤之氣配合，故曰用先天以統龍。用先天乾震坎艮爲生旺之氣者，必以坤巽離兌四龍爲衰死，互相反用，故當詳明於四龍天星，此卽陰陽對待交媾之定體也。用後天大數，乘時運，定方位以布局。尤須審江東江西南北三般，卽有時運進退之妙用也。南北爲天元一卦，有子午卯酉乾坤艮巽。江東一卦爲地元，甲庚丙壬辰戌未丑。江西一卦爲人元，寅申巳亥乙辛丁癸是也。

以龍定穴。須審入路陰陽。以水定向。須看歸路陰陽。

註：立穴以龍定。陰陽生旺衰死，須先審金龍之入路。入路卽轉動入首處也。地運以乘時爲正神，背運爲零神。立向必以水定，陰陽生旺衰死，須先審水之歸路。歸路者，來去二口也，水運要得零神。蔣氏曰：向首一星禍福柄，來去二口生死門。楊公曰：正神安在向，發水入零堂。此以四正四維之出脈定龍立穴到頭訣是也。

入手入首。則龍與脈之所由辨。分金分經。則來與坐之所由分。

註：入手以形象言。動靜分明，灣曲環抱有情，卽有生旺之地氣與穴氣相合，方可下手。入首者，源流到頭來之水口，有生旺之氣合着對待地氣相配合也。故入手以地氣之來龍言，入首以水氣之來脈而言，此卽龍與脈之所由辨也。分金者，大水分出小水之處爲金龍，直來反動處曰分金，從此下盤，看得何卦氣。分經者，言地盤端正，劈分卦爻經絡也。如來水之出脈在何卦，則地盤坐穴亦坐在何卦，此卽來與坐之所由分矣。

脈有左右落。則脈可辨真僞。氣審左右加。則氣可別淳漓。

註：此分四正四維之落脈，皆有左右落脈。皆左則左落，皆右則右落，爲眞。若皆左而反右，皆右而反左者爲僞矣。如落脈有眞，又要審氣之生旺衰死。然卦氣挨加生旺，收得清淨者爲淳，若犯陰錯陽差者爲漓，此以當天元之卦辨其眞僞純雜。

龍脈有順逆。乘氣自當有辨。五行有顛倒。作用各自有法。

註：此節龍、脈皆言來龍之水脈，各自有生旺衰死之分。如得生旺爲順，得衰死爲逆，故曰乘天之氣。若論五行顛倒，必在元空大卦之顛倒也，如離水以坎爲龍，坎水以離爲龍。曾公曰：江南龍來江北望，江西龍去望江東。卽兌水以震爲用。所謂元空五行者，洛書大數之九星也。若論山運自一算至九，若論水運自九挨至一，各有不同之順逆生死也。

氣有乘本脈而不容他雜者。氣有借旁脈而可隔山取者。氣有合初分脈而不爲遙遠者。氣有串渡峽脈而不邀截者。

註：此氣字言有乘者，皆言當天元生旺之氣也。源流之水脈灣曲而來，不要出當元一卦，而不容他卦之雜也。故楊公曰：卦內一折一代福，二折二代祿。氣借旁脈隔山取者，言天元生旺氣在四正卦，而有四隅卦兼來者，法宜去四隅而從四正，卽不犯陰陽差錯矣。如生旺氣在隅卦亦皆然。氣合初分脈者，如天元生旺之氣是江東四龍，而初分出脈。亦在江東四龍，遙遠轉折而流來到盡頭，亦在江東四卦，同收旺氣，何嫌來之遙遠乎。如有初分出脈而不見當元旺氣，行至半路而轉折翻身，水合天元生旺之氣，爲中途分出金龍，曰氣有串渡峽脈不爲邀截也。如山龍渡峽亦然。楊公言擺頭直出是分龍。穴若迎其盡頭一節生旺之水，得元得局，生成交媾配合得宜，亦無嫌其爲邀截也。

龍穴無尺寸之移。受氣有耳腰之異。分金有轉移之巧。氣脈無毫髮之差。

註：上二句言山龍自有天然之美穴，固有一定向位。以形象言。下二句言水龍亦有一定之作法。而山龍葬法，有腰有耳之受氣。而水龍之作用，亦有九章穴法。定穴合先天，卦亦合先天，生成定位。生旺合後天，定向合後天，其迎氣接，自無毫髮之差。此處有脫煞挨生，以子定母，自有轉移之巧妙，故言巧奪天機也。

中氣當避。乘氣故取三七放棺。旺氣宜乘。分金亦取三七加向。

註：中氣者，五黃之煞氣也，卽反局反運也。乘氣者，當元之生旺氣也。三七者，甲三丙七之少陽也，可謂春夏生旺之氣也，將借三七爲隱言，非世俗僞造盤中之三七也，故曰中氣之煞當避。三七生旺之氣。皆取之加矣，所謂乘氣放棺也。分金之加向者，皆宜挨三七之生旺氣也。劃清十字，自然不犯中氣之煞，趨三避五，巧奪天機也。

脈不直而氣直。何畏直來直受。氣不斜而棺斜。乃為正貫正承。

註：發源水來之脈，灣曲而來，自有不直之處。天元當運之生氣，收合當元一卦之清純，自不犯隔宮差錯也，故氣之直來直受者又何畏乎。氣不斜而棺斜者。言放棺不直向水，似乎斜矣。而天元生旺氣不斜爲正貫，而棺斜對爲正承，此中可悟出不洩之機，元空之大法也。

龍以脈為主。穴以向為尊。水以向而定。向以局而分。

註：實地之龍，必以水爲脈。如上元運，一水從離卦來，曰坎龍生旺。若下元運，一水從坎卦來

，曰離龍旺。幕講師云一元紫午九，九數貪癸輪。曾公曰先看金龍動不動，次察血脈認來龍。穴以向爲尊，立穴以當元之生旺氣安在向。生旺爲正神。經曰正神正位裝，零神收入堂。水以向爲定者，言立向坐宮，要迎神引氣入穴。向要立正神，水要納零神。則無侵胎失元矣。自然安而定之。向以局而分者，言局有分生旺及衰死，而立向坐宮，必收旺元之局。如得離水爲坎局，得坎水爲離局。五行若然翻值向，百年子孫旺，總須先得元辰之水，而後捉龍定向分局，俱可得而施矣。

來路看四生。坐下看四絕。局內看三合。向上看雙金。

註：此節言上元四龍生卽下元四龍絕，下元四龍生卽上元四龍絕。生爲正神用山運，絕爲零神水運用。實地來龍，要正神四卦，曰生我，所謂來路看四生矣。坐下納水，要四卦零神，曰尅我也。生我尅我名爲貴，如此配成妙用，故曰坐下看四絕。局內看三合者。言旣定生旺之局，則局內龍向水三者，俱要合天元生旺之氣。此卽龍要合向，向合水，水合三吉位。亦卽山向同流水，貴人三合聯珠水是也，非俗師所用之生旺墓之三合也。此乃元空五行之秘訣矣。向上看雙金者，言向上得何五行，須先看金龍出脈之處得一山雙起之何五行。

制煞莫如乘旺。脫煞正以扶生。從煞乃化為權。留煞正爾迎官。

註：欲制龍氣之煞，莫如乘旺運之水。龍氣若有帶煞，要用零神水救之，庶龍氣有煞遇水而制伏

也。脫煞扶生者，脫去衰死之山水，以扶起生旺之山水，即可避凶趨吉也。若論從煞化權者，如一水從巳丙兩宮來，當時丙凶巳吉，故曰吉中有煞。法宜從其帶煞之處，獨取巳水之吉氣，即謂化煞爲權。救貧黃泉所謂乙向巽流淸富貴，癸歸艮位發文章，辛入乾宮百萬庄，丁坤終是萬斯箱是也。何爲留煞迎官？如午爲天卦，上元三吉神，若兼右邊之丁，似留其煞矣。而不知取天元一路者，須兼取輔星之丁入穴以成其五吉。則天元兼人元之氣，其兩元龍力悠遠不替矣。即楊公所謂子癸午丁天元宮，卯乙辛酉一路同。其所謂一路同分明兼取人元也。一路者，當時直達之機。兼取者，先時補求之道也。

客水客砂。尚可招邀取氣。真夫真婦。猶嫌半路相逢。

註：客水客砂者，局外之砂水也。若逢天元正旺運，取其眞氣，收其零神，則穴內尙可招邀取氣。如陰陽有正配而卦氣將盡，未能發福，如半路夫妻也。故曰眞夫眞婦，猶嫌半路相逢。而夫婦相逢於道路，却嫌阻隔不通情，故卦運必收三吉正神爲至要。

陰用陽朝。陽用陰應。合之眷屬一家。山運收山。水運收水。分之亦互為生旺。

註：此陰陽者，先天八卦之陰陽也，上下兩元之陰陽也。如坤一、巽二、離三、兌四、艮六、坎七、震八、乾九，前四卦爲陰卦，後四卦爲陽卦，此先天八卦陰陽也。如一、二、三、四爲上元，六、七、八、九爲下元，當元者爲陽，反元者爲陰，此上下兩元之陰陽也。如上元

一、二、三、四之運，山卦必用四陰卦，要配四陽卦之水相朝。如下元六、七、八、九之運，山卦必用四陽卦，用四陰卦之水相應，合成一家眷屬。亦可山運收山、水運收水，此山字非山龍之山，乃來水對待之實地也。山運用正神爲生，水運用零神爲旺，故曰分之互爲生旺，此是陰陽不待言。

主有主氣。内宜權乎五行。堂有堂氣。外宜觀乎四勢。龍為地氣。當從骨脈實處。竅其内而注之。水為天氣。當從向方虛處。竅其外而引之。

註：主氣者，爲實地内卦之正神也。内卦分有四局，看何一局作主爲天心，故曰權五行之進退。堂氣爲水運外卦之零神水，外卦有分四龍，看何一龍來水爲得運，故曰觀四勢之虛實也。所以龍爲地氣，當從地氣實處竅其内卦而注受之；水爲天氣，當從天氣虛處竅其外卦而接引之，來脈明堂不可偏也，山水相配合不可偏廢也。

在天成象。在地成形。同一氣。故天象以太陽為尊。而地法以廉貞為主。同以火星為萬象之宗。象垂吉凶。形分禍福。同一域。故星光以歲星為德。而地法以貪狼為貴。同以木星為萬象之榮。

註：此節言陰陽二氣本爲一體，萬象歸自然爲宗也。言木火二星爲天地所共尊，專以山龍而言，故山龍大地多藉火木二星爲發秀致貴。獨平洋水龍只取水土金三星，而木火皆所不取，卽楊公所謂但看出身一路脈，到頭要分水土金。以其火木無曲折之秀，而直硬有煞，故蔣氏亦云

直木火星皆取忌。但令通未曾道及此意，而予則剖析詳明，以補其不及。學者讀此，愼勿錯解，當會意以得之也。

先天一陰一陽。對配為主。故四龍天星。惟取相配。陰與陽合。陽與陰合。後天分陰分陽。致用為主。故八方坐向。可借為配。坐陽收陰。坐陰收陽。

註：先天四陰卦爲一陰，四陽卦爲一陽，此一陰一陽對待相配爲主。此四陰龍四陽龍名爲四龍天星，惟取相配者。四龍陽山，以四龍陰水相配合，陰四龍之山，用陽四龍水相配合，自有其相應之道，卽坎離逢震巽，艮兌合乾坤也。蔣氏曰：問八卦如何取？洛書大數先天矩是也。而後天八卦配洛書大數，分四正奇數爲陽，四維偶數爲陰，運用進退，論其生旺衰死之理當以此爲主也。故八卦四正四維之坐向，可借洛書大數一生一成爲配合山水之作法，然須先得城門一卦爲入用而後可配局，此卽元空大卦山水定陰陽之秘訣矣。切記！

先天後天。先為體而後為用。貴通其變。陰陽二氣。陽非賤。而陰非貴。在適其宜。

註：易曰先天爲體後天爲用，然不容執其陽賤陰貴之説。陰陽之貴賤，須通曉河洛、三元、八卦、六甲權變取用，而約其要旨，只有看雌雄一法也。所謂先天八卦四陰四陽，彼世俗庸愚執定板規，皆以陰貴而陽賤。而不知陰陽四卦並無貴賤之分，惟適其所宜耳，此以見天元時運循環無端也。

地以八方正位。定坤道之權輿。故以正子正午為地盤。居內以應地之實。天以十二分野。正纏度之次舍。故以壬子丙午為天盤。居外以應天之虛。

註：此節皆言針盤自有定式、地有八方，卽八卦方位也。以定坤道地輿之權樞，故審龍定向、收山出煞，皆用正子午內盤一針，以應地道之實。地道靜而有常，豈有中縫二針之僞說乎。言天以十二分野，卽地有十二地支之神，以四垣七政星之次舍，故凡宿度撥砂，歲差選擇用壬子丙午居外一盤，以應天道之虛。唯天道動而無定，豈無日躔節氣過宮之淺深，故蔣氏亦列二十四節氣於外，卽此盤也。何令通以針盤結束一篇之終，以見篇中許多作法必賴此爲權變之用。有此智能，實堪稱地理仙師矣，吾非常景仰也。

梅梁仙師亦是地理明師，讚何令通詩一首曰：

勘破山川達化工。一天星斗樂無窮。心融河洛通神妙。悟徹陰陽貫太空。識見從來超象外。機關悉盡在元中。靈經少許歸無極。自與風光月影同。

卷五

天玉經　內傳上

唐楊筠松著　羅群註

江東一卦從來吉。八神四個一。

註：江東一卦者，卽三卦中地元卦也。八神卽辰一、戌二、未三、丑四、丙六、壬七、庚八、甲九此八位。四個，卽經四位而起父母也。一者，卽此地元八神只一卦獨用，不能兼通左右卦也。

江西一卦排龍位。八神四個二。

註：江西一卦者，卽三卦中人元卦也。八神卽寅一、申二、巳三、亥四、乙六、辛七、丁八、癸九此八位。四個者，亦經四位而起父母也。二者，卽人元八神一卦可兼通天元八神一卦，故曰二。亦不能兼通右地元卦也。

南北八神共一卦。端的應無差。

註：南北一卦者，卽三卦中之天元卦也。八神卽子一、午二、卯三、酉四、乾六、巽七、艮八、坤九此八位也。南北者，對待之通稱，若云東西亦可。共一卦者，天元統領左地元右人元共成一卦，故曰天元可兼用人地兩元，何也？因天元爲父母卦，地元、人元爲子息卦也。此三

元卦氣爲元空大卦之妙用，楊公以此爲妙訣，妙而難言。此只有一法是眞，更無他法，余今言明，學者須留意。訣曰：天元起對宮，地元起庫中，人元起貴人峯。

二十四龍管三卦。莫與時師話。忽然知得便通仙。代代鼓駢闐。

註：二十四龍卽八卦三八二十四爻也，分出天、地、人三卦爲之管攝，此法不可與時師話也。時師若得此三卦之用法，必代代發富矣。蔣註此元空之秘必須口傳，吾今洩破，望爲世人之慶幸也。

天卦江東堂上尋。知了值千金。地畫八卦誰能會。山與水相對。

註：天卦者，南北也，江東亦通，言江西亦可，皆對待之名。卽從天元卦安在水中也。堂上尋者，要尋得運卦之水裝在堂上，水合三吉位，故奧語第二言來脈明堂不可偏，非掌上起星辰也。地畫八卦者，卽天元卦安在地上也。亦卽地上之卦與水之卦兩相對待，雌雄相配，乃元空大卦之妙用也。誰能會者，又誰能知悉此義乎。

父母陰陽仔細尋。前後相兼定。前後相兼兩路看。分定兩邊安。

註：一卦三山，居中主運爲父母，左右兩爻爲子息，而陰陽交媾之妙理亦要細尋。前後相兼者，如離卦三山，午爲父母卦。兼丙爲前，兼丁爲後，或前或後，須當兼定方可入用。然前後相兼，須分一順一逆。兩邊安者，如離宮丙爲逆子，丁爲順子。如兼逆子，當安逆子一邊；如

兼順子，當兼順子一邊，則胎元之陰陽方不差錯矣。

卦內八卦不出位。代代人尊貴。向水流歸一路行。到處有聲名。

註：卦內八卦者，上元四卦、下元四卦，一內一外也。然一卦內分有天地人三卦，即三卦內各有卦，此之卦曰八神是也。不出位者，收山收水須不出三卦內之本卦，世世代代可尊貴。然立向收水亦不出三卦者，到處定有聲名。

龍行出卦無官責。不用勞心力。只把天醫福德裝。未解見榮光。

註：龍行出卦者，一路之血脈須不出生旺之卦。若出卦，即犯衰死之氣，故曰馬上斬頭。若水形灣環曲折亦無官貴可言，不必費心力矣。若不知元空卦理，只把一行遊年僞訣亦未能見其榮光也。

倒排父母蔭龍位。山向同流水。十二陰陽一路排。總是卦中來。

註：倒排父母者，主運卦爲父母，如離水能蔭養其坎龍。故曾公曰：江南來龍江北望，江西龍去望江東。山向同流水，即言山・向・水・俱要倒排，故何令通云：局內看三合，向上看雙金，十二陰爻十二陽爻共成二十四山。而二十四山陰陽一路排其法總不出父母主運之八卦，故曰卦中來。

關天關地定雌雄。富貴此中逢。翻天倒地對不同。秘密在元空。

註：關天，水也。關地，山也。關山乃生運之正神，關水爲尅運之零神，即卦合元空一生一尅之義，然雌雄交媾可定。雌雄既定，而富貴須從此元竅中逢也。翻天倒地者，有時山在此卦、水在彼卦，有時水在此卦、山在彼卦，翻來倒去，從無一定，與俗世之僞法對不同也。然其翻倒秘訣，在元空大卦中也。

三陽水向盡源流。富貴永無休。三陽六秀二神當。立見入朝堂。

註：三陽者，丙午丁也。言水流不出一卦三山之內，一路生旺灣曲盡其源流，宜富貴永遠無休息也。一卦如是，他卦亦然。下句之三陽，即八卦九星之三吉也。如三元卦內是也。然中爻主運爲父母，爲三吉，兩邊爻爲子息，爲六秀。每卦左右爻爲二神，雖曰三陽來水，六秀中只有二神，兼左爻兼右爻，惟有二神而已。水來不出本卦二神當之，則神旺氣足，有立見入朝堂是也。

水到玉街官便至。神童狀元出。印綬若然居水口。玉街近台輔。鼕鼕鼓角隨流水。艷艷紅旆貴。

註：玉街者，不出一卦之別名也。印綬、鼓角、紅旆等語，皆以形象言之。此言水一路三、四節灣曲得元流來，不出一卦之內，而有上等形象之砂則貴，故曰官至、狀元出。

上按三才并六建。排定陰陽算。下按玉輦捍門流。龍去要回頭。

註：三才六建即三吉六秀也。此言應審當元三吉并六秀之卦在何位，陰陽位須當排定。上面二句

論理氣方位，下二句論形勢。玉輦捍門，皆指去水。須纏身兜抱灣曲有情，故云龍去要回頭。

六建分明號六龍。名姓達天聰。正山正向流支上。寡夭遭刑杖。

註：分明六龍之說，在天元喚作六秀也。父母三吉雖重，而子息之六秀其力亦非輕，故名姓曰達天聰也。如水取四正卦，當用本卦干神之六秀。水若取四隅卦，當用本卦支神之六秀。若正山正向旣取四正卦，水亦用四正卦之干神，如流出在四隅卦之支神上，則陰差陽錯，必有寡夭刑杖之憂矣。舉四正卦而四隅卦不辨自明矣，故干支之零正、陰陽純雜宜當細辨矣。

共路兩神為夫婦。認取真神路。仙人秘密定陰陽。便是正龍岡。

註：共路兩神者，卽一干一支也。雖言一干一支，然有眞假夫婦之別。如一水從午兼丙來，亦或午兼丁來皆言眞夫婦。如一水從丙兼巳來，或丁兼未來，此干支兩神謂假夫婦也。眞假兩神，原爲仙人所秘，以定陰陽之眞訣也。若眞夫婦謂正龍，則假夫婦不得謂正龍。卽吳公所謂的夫婦相逢於道路，卻嫌阻隔不通情是也，此訣切記。

陰陽二字看零正，坐向須知病。若遇正神正位裝。撥水入零堂。

註：此陰陽乃干支相兼之陰陽，零神正神之陰陽也。得元爲陽，曰正神；反運爲陰，言零神。看脈自何卦來，兼何干支陰陽，坐向亦當兼何干支陰陽，若有不合，便知有病。更要看此卦來

是生旺亦或衰死，生旺正神爲山，衰死零神爲水，正神得運山，零神得運水，然正神正位裝在向爲生入，而零神裝入水位爲尅入，故曰生入尅入名爲貴。以零堂之水撥引正神之氣，卽山情水意自然相配合也。

零堂正向須知好。認取來山腦。水上排龍點位裝。積粟萬餘倉。

註：此言零神卦安在堂水，而正神安在坐向，兼收天元氣之妙。向水雖好，更要認清山之所從來之腦，必須認取其生旺，與坐向同旺相合。所謂龍要合向，向合水，水合三吉位，此爲眞三合局，非俗世之僞三合也。若水上排龍者，要節節點清位位裝成，天元生旺之氣毫無夾雜，其家必有積粟萬餘倉之富。足見審定陰陽二字全在零正二神，學者當留意此訣。

正神百步始成龍。水短便遭凶。零神不問長和短。吉凶不同斷。

註：山與向得運爲正神，正神安在向，百步之遠則來氣足矣，始成爲龍神。若正神反在水，零神反在向，雖氣短亦便遭凶。而正神在向，若短淺氣卽不足，亦難以致富。若零神安在堂水者，不問其長短，亦可致富矣。故曰吉凶不同斷，此卽楊公所謂滴水可救貧也。

父母排來到子息。須去認生尅。水上排龍照位分。兄弟更子孫。

註：父母者，主運之中爻也，其旁邊左右爻爲子息。此言山上排龍來脈一路不出一卦之內，排來到子息是也。雖然龍不出一卦之內，而卦之生旺死尅尤須細認，豈可不愼乎。而水上排龍者

，雖言父母一卦之內，反而不拘，何也？因與主卦之同輩者爲兄弟，兄弟主卦旁邊兩爻爲子孫，故曰照位分。來水路雖多，若不出三吉六秀者，亦是一家骨肉純清，亦可謂吉矣。元空大卦之妙，無人知識，洩盡何益。

二十四山分兩路。認取五行主。龍中交戰水中裝。便是正龍傷。

註：二十四山分兩路者，此非指十二陰陽之兩路，而指一山兩用生死也。若陰水爲生，則陽山爲死；陽山爲生，必陰水爲死。尤須認取主運之卦，清純不雜則爲貴也。若龍中交戰者，此言來龍已在吉凶交戰之卦，受氣已雜而不純，正龍之氣已傷，若能以水之清純救之，則龍氣遇水而制伏，而交戰之凶威可化殺爲權矣。故何令通云：制煞莫如乘旺，脫煞正以扶生。從煞乃化爲權，若以交戰之卦再裝入水中，則水受氣亦雜，豈正龍之氣不傷乎。

前面若無凶交破。莫斷為凶禍。凶星看在何公頭。仔細認蹤由。

註：前面者，言來水之源流也。若無出卦夾雜他卦者，雖水之入口處有交戰錯雜，則氣猶兩平，未可果斷其爲凶禍也。若源頭亦有凶星交破者，應在何房須要分公位，將洛書八卦細認其蹤由可也。

先定來山後定向。聯珠不相放。須知細覓五行蹤。富貴結金龍。

註：來山之受氣及向上之受氣，雖分爲兩局，然兩局又非截然兩路。如來山在天卦，則定向亦宜

在天卦。若在人地兩卦，則定向亦宜在人地兩卦，故有龍合向、向合水、水合三吉位，卽曰三合聯珠水是也。而三合聯珠之法，須細覓蹤跡，不可約略求之。若是富貴大地，必來山與向首在一氣生旺之卦清純不雜，可謂結金龍。

五行若然翻值向。百年子孫旺。陰陽配合亦同論。富貴此中尋。

註：翻值向者，將五行生旺之氣翻在向上生入，則正神在山者合矣。山管人丁，故曰子孫旺，富貴亦在其中。山之正神陰陽配合水之零神陰陽，則零神在水亦得矣。用法雖殊，而受氣之配合亦同論。水管財祿，故致富，而子孫旺亦在其中矣。

東西父母三般卦。算值千金價。二十四路出高官。緋紫入長安。

註：東西者，亦可稱南北。而父母卽八卦主運之卦體，左右子息爻神之力較輕，故重在父母。三般者，上中下三元也，非言天地人之三盤。若合元者吉，不合元者凶，故曰值千金價。然二十四路若乘父母之生旺氣，卽可出高官入長安，若只乘子息爻神者，其力較淺，只能致富而已。

父母不是未為好。無官只豪富。父母排來看左右。向首分休咎。

註：承上文。雖然不是父母之卦體受氣，而只乘子息之爻神，雖無高官，亦有其豪富。故卦體爻神雖同生旺之氣，而得氣之厚薄可有分別。若將父母卦排定來山，要看左右爻神如何。爻神

清純不雜，又須看向首受氣如何，若逢生旺之氣則休，若逢衰死則咎，當從此分辨也。

雙山雙向水零神。富貴永無貧。若遇正神須敗絕。五行當分別。

註：若論雙山雙向者，須細心分別，此假夫婦也，卦氣錯雜矣。必須挨零神之水相助，以水之零神尅入制伏雜氣，謂化煞爲權，則富貴亦可期矣。若不知以零神之水制伏，卽水裏零正錯雜，故曰水中遇正神須敗絕，五行之生死須當分別也。

隔向一神仲子當。千萬細推詳。若行公位看順逆。接得方奇特。

註：隔向一神者，如向在坎爲正神，坎卦內有三山，而立受山之氣俱可。皆癸而向壬，皆壬而向癸，爲氣雜，故曰隔向一神。仲子者，洛書八卦所言孟仲季三子公位矣。而坎爲仲男，如立隔向一神，爲卦氣錯雜之凶煞，故曰仲子當。此法必須細心推詳，千萬不可忽視。公位者，卦位也，卦位之內有一順一逆之別。山以正神爲順，以零神爲逆；水以零神爲順，以正神爲逆。若接得順逆之氣以論公位方見奇特，不同俗法也。

公位若來見逆龍。男女失其蹤。更有父母下三吉。三般卦第一。

註：八卦有八宮之位，爲山之宮位，見正神則順，見零神則逆。若水之宮位，見零神曰順，見正神曰逆，故山水各見順龍則吉，見逆龍皆凶，故云男女失其蹤也。此篇雖重在父母卦而輕爻神，然父母卦不得一概亂下，若取當元三吉下之，定可應吉。三般卦者，卽六甲三元之氣也，楊公千言萬言重三般卦理，舍此別無妙法，故曰第一訣也。

天玉內傳中

二十四山起八宮。貪巨武輔雄。四邊盡是逃亡穴。下後令人絕。

註：此言張一行所造小遊年卦例，以溷挨星眞訣也，用二十四山起八宮之卦例，只取貪巨武輔爲四吉。若其說果是，則其下穴皆吉矣，何以四邊盡是逃亡之穴，下後反令人敗絕？則知卦例不足信矣，而下文有挨星眞機也。

惟有挨星最為貴。泄漏天機秘。天機若然安在內。家活當富貴。天機若然安在外。家活漸退敗。

五星配出九星行。天下任橫行。

註：此言一行之卦例既不足信，惟有此挨星之學爲眞訣，獨此元空陰陽爲最貴，不得不以天機之秘洩漏一二，以覺羣迷。天機若然安在三般卦內，其家必富貴，而天機若安在三般卦外者，其家必退敗絕矣。故出卦不出卦，吉凶大有分別，何不爲最貴乎？而八卦五行配出九星氣之流行，上應斗杓之用，若識如此作用，便可橫行於天下也。

干維乾艮巽坤壬。陽順星辰輪。支神坎震離兌癸。陰卦逆行取。

註：此論父母子息，各有陰陽推排之用。若卦用四正，以四維之支神爲主；支神屬陰，故四正亦

因之屬陰。若卦用四維，以四正之干神爲主，干神屬陽，故四維亦因之屬陽。屬陽者，順輪星辰；屬陰者，逆取星辰，而四卦之末，各有一字壬・癸，此挨星之秘以洩春光矣。而挨星四百三十二局秘旨亦從此勘破，吉凶瞭然矣，學者自悟。

分定陰陽歸兩路。順逆推排去。知生知死亦知貧。留取教兒孫。

註：上文言四維父母卦排星屬陽，四正父母卦排星屬陰，固巳，而各卦父母左右之子息爻神，亦有分陰陽兩路，順逆推排去。壬爲陽星順輪，癸爲陰星逆取，此卽蔣氏所云挨星秘中之秘也。若能知此訣，則生死富貴貧賤，無所不曉矣，故言留取此法教其兒孫。此元空大五行，千金眞難買也。

天地父母三般卦。時師未曾話。元空大卦神仙說。本是此經訣。不識宗枝但亂傳。開口莫胡言。若還不信此經文。但覆古人墳。

註：此言元空大卦之理，固自河洛八卦三元而來，是本經眞訣。後學者得傳之後，不可輕忽易傳。宗者父母，枝者子息，若不識宗枝則不要開口胡言，若還不信者，請覆古人墳墓便知此訣爲眞矣。

分却東西兩個卦。會者傳天下。學取仙人經一宗。切莫亂談空。五行山下問來由。入首便知踪。

註：東西者，南北也。兩個卦者，坎一離九也。上元貪狼領局，下元右弼領局，若得會此東西坎

一離九之用，必能名滿天下。此法爲仙經妙訣，得傳後不容亂談空，須先問來山屬何五行，由其入首便知蹤跡，由立穴處觀其水路來氣屬何五行，卽實地來氣屬何五行便知蹤跡矣。重於入首一節，以其初年立應，不可不愼也。曾公曰：更有淨陰淨陽法，先後八尺不宜雜。

分定子孫十二位。災禍相連值。千災萬禍少人知。尅者論宗枝。

註：此子孫十二位者，全從卦中分定。而時師不知，有二十四山雙雙起之位，但將二十四路只作十二位論。如乾甲丁配亥卯未，爲雙山之用，如此用法，必災禍連值，下後遭災禍。而俗師則胡亂猜疑，曰干凶、曰支凶，豈眞消息乎？而不知災禍因實由干支父母受尅所致，若父母受尅，其干支必亦受尅，故災禍必然。

五行位中出一位。仔細秘中記。假若來龍骨不真。從此誤千人。

註：五行者，生旺衰死也。此言出卦不出卦，其中有秘旨，須當密記。來龍若在一卦三山之內，則龍骨眞；若出一卦三山之外，則龍骨不眞，從此誤千人。

一個排來千百個。莫把星辰錯。龍要合向向合水。水合三吉位。合祿合馬合官星。本卦生旺尋。

註：此節九星五行，顛倒倒顛排算，不可錯排，必須龍得時合向上正神，龍向要與水合，卽水要合三吉零神位，亦卽龍向爲正神水零神。此卽龍向水三合也，非時師所言亥卯未等之三合也。若祿馬貴人之應，必以卦運爲主，卦運若得生旺之氣則應，若得衰死則不應也。

合凶合吉合祥瑞。何法能趨避。但看太歲是何神。立地見分明。成敗定斷何公位。三合年中是。

註：此言吉凶禍福用何法能趨吉避凶？以九星逆輪六甲代太歲之職，但看太歲是何神，吉凶禍福便分明。若要斷其公位之成敗者，在三合弔冲之年是也。此三合即亥卯未等三合，將以測天氣也，即斗綱三合也。

排星仔細看五行。看自何卦生。來山八卦不知踪。八卦九星空。順逆推排各不同。天卦在其中。

註：排星者，在父母卦體，以生旺爲主，而不在子息爻神。若來山入首，不知父母何卦所主，則九星無處挨排。而星卦順逆，各有不同，即此一卦入用，左右兩神或順或逆。雖父母主卦有一定之氣，而爻神之順逆從無一定，故曰天下諸書對不同。天卦者，天元之氣也，雖父母子息，用之各不同，要知此中妙理，必有天元卦氣主宰之。

甲庚丙壬俱屬陽。順推五行詳。乙辛丁癸俱屬陰。逆推論五行。陰陽順逆不同途。須向此中求。

九星雙起雌雄異。元關真妙處。

註：此節言四正四維。四正屬陽，四維屬陰。如穴坐四維，水脈從四正順推五行；如穴坐四正，水脈從四維逆推五行，此即元空大五行，又名天干大五行陰陽順逆之推排。雖不同途，而總之吉凶順向此中主運天卦求也。每卦之中，父母卦體有順逆雙起之用，而子息爻神亦有一雌一雄雙起之法，此眞陰陽交媾，元空妙處也。總言之，二十四山之九星用在山，九星用在水

，一山有十八局，故曰山水雙起。雌雄之看法各異，若論元關之妙處，須向九星之中尋卽眞，非一行八宮之法也。

東西二卦真奇異。須知本向水。本向本水四神奇。代代著緋衣。

註：東西二卦者，亦可言南北二卦也。皆言八卦對待之兩卦也。須用元空秘訣收得兩卦之氣，故言眞奇異。而必須要知本卦之向、本卦之水，而本卦向上有眞夫婦兩神，本卦之水上亦有眞夫婦兩神，故曰四神奇。而向與水各有一卦氣，須兼收四神生旺之妙，可保代代富貴也

水流出卦有何全。一代作官員。一折一代為官祿。二折二代福。三折父母共長流。馬上錦衣遊。

馬上斬頭水出卦。一代為官罷。直山直水去無翻。場務小官班。

註：此言灣曲之水，若一路在父母本卦之內，一曲一代發福，二折有二代之福，若有三灣曲之水長流，更秀，必貴，代代高升，故曰錦衣遊。若只有一折在父母卦內，二曲便出卦外者，則有一代爲官，二代就無官貴，如斬頭而去也。若直水無有灣曲者，雖在一卦之內，亦是小小之官也。

天玉內傳下

乾山乾向水朝乾。乾峯出狀元。卯山卯向卯源水。驟發石崇比。午山午向午來堂。大將值邊疆。

坤山坤向水坤流。富貴永無休。

註：此言龍向水俱在生旺一卦之內，清純無雜，則可爲富貴，非回龍顧祖之義，亦非有他說。而狀元等語，亦不可錯舉其意。若識得元空之秘，便知此言不假。乾宮卦內之山，作乾宮卦內之向，而收乾卦內之水。

辨得陰陽兩路行。五星要分明。泥鰍浪裏跳龍門。渤海便翻身。

註：陰陽兩路，順逆推輪。前文言明已得，尤須分明地盤體格，五星水城分辨得明，即體用兼全，泥鰍便成龍矣。此言變化之易也。

依得四神為第一。官職無休息。穴中八卦要知情。穴內卦裝清。

註：依得前篇所言向水四神，零神正神要收清，爲第一奇妙訣，官職定無休息。但前篇只重向水，姑置來龍。此節言穴上八卦者，須從穴上逆推到來龍，以補前篇四神之不及。前篇只論向水，此節加之以來龍，則龍向水三合全矣。穴上來龍之卦，要在穴內向上裝清，則卦氣全收

更備。

要求富貴三般卦。出卦家貧乏。寅申巳亥水來長。五行向中藏。辰戌丑未卯金龍。動得永不窮。

若還借庫富後貧。自庫樂長春。

註：若要富貴，須求三元卦內，用卦乘運便得，若出卦失時便不能發福。前文言四正，此節言四維水。寅申巳亥之水，長遠彎曲而來，又不出一卦之內，須要向乾坤艮巽中藏，卽不出父母之卦，故云向中藏。辰戌丑未水來，須要向乾坤艮巽父母卦內，故言叩金龍，動得永無窮。若不出一卦之金龍，曰自庫；若出卦者，云借庫。金龍若出卦，前富而後貧；若不出卦，則自然長春也。此云庫者，非世所謂辰戌丑未四庫也。

大都星起何方是。五行長生旺。大旆相對起高崗。職位在學堂。捍門官國華表起。山水亦同例。

水秀峰奇出大官。四位一般看。

註：此篇總言在何處起得運長生。星辰在山在水者，皆須得生旺之氣，非別有他義。故云山水亦同例。

坎離水火中天過。龍墀移帝座。寶蓋鳳閣四維朝。寶殿登龍樓。罡劫弔殺休犯著。四墓多銷鑠。

金枝玉葉四孟裝。金箱玉印藏。

註：此節坎離水火一句爲本章之所重。中天者，中五也。言山運如起坎，必過中五；水運起離，

亦要過中五。從此推排山水，定有生旺衰死之位，故坎離水火乃一章之所重。其餘星宿，總是得生旺而加之美名，逢衰死稱爲惡曜，名非有定，星隨元氣轉變也。

帝釋一神定縣府。紫微同八武。倒排父母養龍神。富貴萬餘春。識得父母三般卦。便是真神路。

北斗七星去打刧。離宮要相合。

註：帝釋，丙也。紫微，玄也。八武，壬也。帝釋最尊，故以名之縣府。此言二十四星之最美者，須由玄空倒排中來方能富貴。父母三元之眞神旣已識得，更要七星打刧一法得曉。而星數有九，此曰七星若何？自貪狼到破軍爲七星，而破軍左右加左輔右弼合爲九星，此洛書大數而來。若打刧之法，要離宮相合者何也？先天乾，卽後天離卦，九星之順逆推輪，同起於離宮一卦，自然一一相合也。若知打刧之法，其作用更上一層矣。北斗者，知離宮相合，便知北斗之義。

子午卯酉四龍岡。作祖人財旺。水長百里佐君王。水短便遭傷。

註：此曰子午卯酉四正，而乾坤艮巽四隅亦然。分明父母卦之旺氣作祖，人財必旺，而水有九曲長流，必佐君王矣。若水短淺便出卦，則其正龍便遭傷損敗矣。

識得陰陽兩路行。富貴達京城。不識陰陽兩路行。萬丈火坑深。

註：此陰陽兩路卽一山一水之兩用，卽所謂四十八局也。若能識得，卽可免受火坑之災而有富貴

之名也。

前兼龍神前兼向。聯珠莫相放。後兼龍神後兼向。排定陰陽算。明得零神與正神。指日入青雲。不識零神與正神。代代絕除根。

註：龍神向首，皆有兼前兼後之法。兼者，父母兼子息、子息兼父母也，此言正神零神之義。諸法如何，前文言明。

倒排父母是真龍。子息達天聰。順推父母到子息。代代人財退。

註：前賢理氣家能捉定眞龍，須將父母卦子息爻一一倒排。倒排如何。如旺氣在坎，倒排不在坎，却翻在離，則眞生旺氣得矣。故倒排得旺氣而生，順排得煞氣而死，元空卦理其在斯矣。

一龍宮中水便行。子息受艱辛。四三二一龍逆去。四子均榮貴。龍行位遠主離鄉。四位發經商。

註：此言水得零神生旺之氣，在最初一折便行出他卦，則初運得發，而後便敗，故曰子息受艱辛。須要三四節節節不出本卦，則諸子齊發矣。行龍既遠，未免出本卦之位，一出本卦，即主離鄉。若出卦之後又能回歸本卦者，反主爲經商得財而歸，其驗如神。

時師不識挨星學。只作天心摸。東邊財穀引歸西。北到南方推。老龍終日臥山中。何嘗不易逢。止是自家眼不的。亂把山岡覓。

註：此言挨星之學只用天心正運一卦，而一卦之用，須將水龍入首處分辨，故曰五行山下問來由

，入首便知踪。而東西南北數語，卽江南龍來江北望，江西龍去望江東之意。此眞元空妙訣，既得眞傳，臥龍易逢；不得眞傳，胡亂行走，茫無把握，旨哉言乎。

世人不知天機秘。泄破有何益。汝今傳得地中仙。元空妙難言。翻天倒地更元元。大卦不易傳。更有收山出煞訣。亦兼為汝說。相逢大地能幾人。個個是知心。若還求地不種德。穩口深藏舌。

註：此節楊公深戒曾求己者也。言既得天機，須當秘密，切不可輕示亂傳以違天怒。惟種德者可以相傳，若授無德之人，反自取其禍。謹之愼之，切記。

盤詠七絕

周梅梁撰

盤製眞機造化通。都從郭璞葬經中。我今數語來相示。後起地羅盡渺蒙。
楊公改說大元空。天玉一經作用通。山水機關誰悟得。蔣生崛起辨雌雄。
盡道蔣盤法不羣。誰知妙處有元文。若非河洛通消息。動手便成敗絕墳。
收山出煞要眞知。本有先天八局奇。若問挨星眞訣竅。洛盡大數往來宜。
翻天倒地藉羅盤。三吉尤須問三元。六秀更隨元機轉。豈同賴氏用催官。
眞箇元空第一家。陰陽斷不在南車。五行那裏問生尅。山水雌雄妙處查。
別有分金山水中。時盤百廿盡虛空。仙師妙法眞奇奧。前後相兼奪化工。
眞箇金龍動不知。盲師用法終成痴。相兼二八幷三七。那識逢生遇旺時。
六八局中顚倒顚。雙山豈若亥兼乾。更將一卦分三卦。廿四元辰八極連。
八國團團終是空。順從元奧辨雌雄。天機得用無多妙。只在城門一卦通。
龍向水中要合元。方知三合有眞原。休將生旺墓來用。狗尾續貂何足論。
莫說統羅掌上攤。斗星打刼起先難。仙師自有通天竅。留作凡庸換骨丹。

宿象圍環古典型。教他穴法坐天星。撥砂分野從中測。莫識歲差用不靈。
三元六甲本通天。顛倒雙山順逆連。從此機關來吐露。何愁羅格少仙傳。
撤去僞書作法偏。能知九曜便成仙。改天奪命掌中事。惜未相逢道德賢。
青烏妙理不勝歌。涉水登山作用多。信是先天眞學問。纔成救世一仙婆。

元空大卦歌

周梅梁撰

卦名元空本似虛。只因天下少此書。仙仙相傳眞秘密。不許凡夫竊其餘。
天元奧旨眞妙微。多有名人斥其非。不得仙傳無足怪。那曉此中有元機。
茅塞已久我來通。天氣有元水氣空。水氣原從天氣轉。天氣還在水氣中。
果能識得天氣用。因而水氣亦從同。只怕燕雀無高志。那學鴻鵠建翮冲。
不同山法論祖宗。更無龍虎何處逢。仙人自有仙訣在。只把東西水爲龍。
水若曲折合元竅。對待實地認來蹤。只要雌雄來交會。平洋葬水勝山峯。
穴後坐空水洋洋。喚醒千古夢一場。世人多昧元機訣。只道後來少脈撐。
那曉坐空眞氣到。不信仔細觀中陽。辨正斥僞心何苦。欲洗世人舊肺腸。
無如積重眞難返。不向元機去消詳。如有死心冥悟者。方知仙人作法良。

我今更把太極明。水到窮時如見生。倘若不識元空卦。譬若繪龍不點睛。
自古談山多豪傑。元空大半不知情。大聲疾呼情可限。聊作龍家木鐸鳴。

歸厚錄 佚名

明冷謙註

陽基

堪輿之理。豈惟形藏。往古聖哲。建都作京。襟江帶河。九野孕靈。兆民萃處。百堵事興。惟宅之基。與墓合符。墓氣凝結。宅氣衍敷。四倚之地。廣廈不移。移宮改步。旨隩及隅。爰有四機。實惟宗要。一地二門。三衢四嶠。獨尊三元。微參九曜。遊年卦例。禍福不兆。墓氣從地。宅氣從門。一門一向。榮落轉輪。門通大道。氣入閫壺。前後傍側。分勢均形。男女居室。曰惟大倫。房闈是主。堂階是賓。置宅廣原。地符統貫。比廬則聚。單室恆渙。若在都邑。無尤水遠。爰獲沾濡。厥功無算。墓氣必骨。宅氣及身。此如滋條。彼如沃根。根榮以歲。條茂及辰。墓吉宅凶。蕃菑食貧。墓凶宅吉。殃及後人。墓宅並吉。介福千春。能不失馭。邁種之英。

註：此章言輿輔之理，不惟墳土藏形而已。卽古聖王體國經野，大而京師，小而郡邑，以至村落市鎮，莫不有形局分合之勢焉。其九龍立局之法，與墓同符，然不無小異。蓋墓氣止一勺元辰之水，而京都郡邑則取大江大河爲局，至於各家各宅之氣，又就其所倚小水而分九局，且

陰地取其結聚，陽宅取其敷衍，格局有廣狹之異。四倚者，或前或後、或左或右，專依一水也。倚一水則局眞，維作廣廈，其氣皆不變。

若陬隅之地，掛角立宅，止中宮大勢收氣不雜，前後帶煞氣有改變矣。如掛角艮宅，西南二方貼水，則前帶左廂，近南水作坎；後帶右廂，近西水屬震矣。

一宅分房，便分衰旺。陰宅煞在地中，只穴內一炁。陽宅穴在地上，不專以地中之炁爲主，兼取門氣。蓋氣本橫行，無途入宅，門戶一啓，氣卽從門而入，其力與地氣相敵。地衰門旺，地旺門衰，吉凶參半，須門地兩旺然後可以召諸福。門地之外，又論道路。直朝者，作來氣斷；橫截者，作止氣斷。朝路比來龍，橫路比界水，所謂三衢，橋梁同斷。嶠者，鄰居高峻處。如艮方有高屋，則炁被障斷，反從艮方還轉氣來，囘向我宅，所謂囘風反炁，自高及下者也。高屋多則氣厚，高屋少則氣淺。若遠方高屋迢遞而來，漸近漸低，歸結到宅，炁尤百倍矣。此四炁惟以三元之變旺爲興廢，立向首，仍以地局九星爲主，然亦有不合九星，不害其爲吉者，故曰微參。害不甚重也。

至於遊年卦例，止參值年神煞，其實禍福不係乎此。若宅氣旺，雖絕命五鬼，何害於吉。若宅炁衰，雖天醫生氣，何救於凶。相宅者，止將四機按三元以定衰旺義盡此矣。從地從門，又深言門之爲重。蓋地乃一定之物，不能更移，門則可隨方而改。儻有失元之地，改一旺門，便能起衰；得元之地，改一衰門便能減福。尺寸之地，榮枯頓異，不可不愼也。門以通大路爲重，前門後門、旁側便門、或吉或凶，分遠近大小動靜冷熱而論興廢。一宅止一門獨旺，則全美無瑕，若諸門皆旺，則諸福並臻矣。

至於宅中內門，則尤以房門爲重。蓋一陰一陽之爲道，家道興衰，在夫婦配合之際。生男育女，繼祖承祧，皆源於此。宅內重門，道路步步從旺方引入閨闥，更開吉門迎之，則五福全收矣。若中堂正堂，不過賓主酬酢之所，非歸根復命之鄉，不甚重也。若在荒郊空曠之處立宅，則四炁之中專以地炁爲重，與陰宅相似。然猶必比屋聚廬，而後可以開合風氣，收攬陽和。小屋必二三進始有蓄聚，一帶直屋及散布椽數，氣皆渙散，地雖吉不驗也。若在城市，四氣兼重，不專以水爲局。雖遠水亦有乘旺發福者，更能近水沾染生氣，福非常可比。若近水衰地，其禍尤甚矣。

末段總言陰陽二宅不可偏廢。蓋墓從亡者之骨，蔭及生人，力深而緩。宅氣即在身，力浮而速。朝種暮熟，智者固不得以陽而廢陰，亦何可重陰而廢陽也哉。

平洋認龍穴訣

李岡木撰
羅群補傳

龍落平洋。最坦夷渺漠。其中行度難以捉摸。並無大頓小起之勢。又無秀麗聳拔之峯。不過隱隱隆隆。彷彿高低。依稀厚薄。高尺寸卽爲起。低尺寸卽爲伏。高三寸卽爲山。低一寸卽爲水。如此體段。最難捉摸。非目明心巧者。不能辨認。

若其踪跡去來。全憑認水。水向東流。則龍行而東息。水向西流。則龍亦西行。隨水轉折。以體認來去。水行。則龍行。此其大略也。且水鄉之地。離祖已遠。與近山平陽不同。一望平夷。初無高低起伏。如毡之鋪。如席之展。片片段段。逐浪隨波而來。不知何爲背。何爲面。何爲主。何爲從。何謂過峽。何謂渡河。何謂穴場。何謂朝案。境界茫然。奚所憑據。然二方自有一方之祖宗。先審其祖宗。起於何地。本源發於何所。何處分枝。何處入路。水自何處合。砂自何處交。則知水來處是背。水合處是面矣。

既審背面。次看隨龍水趨向何處。護龍砂灣抱何處。則知砂水有情處是龍。無情處非龍矣。既識龍身。然後步步詳察。節節推究。若見兩浜左右對鎖。形如八字。並無扯洩反逆之勢。此卽龍之過峽處也。其峽愈多。龍神愈貴。至於峽從中出。兩傍均齊。橫開大帳者。至貴之龍也。但過峽最要兩邊夾從。非夾從。則風吹水刼。斷不成地。又有峽斷過水者。何以審其脈。蓋眞脈過水。左右必有砂水扛送。水中必有微高之脊。多間其水必溜。水底之土硬。

旣識過峽渡水。龍身的確無差。然後審其到頭。若是眞龍到頭結穴。左右必有兩股兜浜。界送氣脈入穴。穴前必有低小明堂。左右隨龍水。送到局前交互。前有朝案之砂。橫攔之水。灣環向穴。四圍護送之沙。回頭駐劄。面面有情。明堂平正。水口交牙。前看兜收。後有拱送。左砂向右。右砂向左。穴住天心。如貴人坐衙。大將登壇。無不拱衞者。此天然之局也。或有大塊平田到頭。左右開界水。僅有穴前低田。作小明堂。卽以小明堂爲定穴之據。或有氣歸角上。只有一浜界脈。外借隨龍水界限者。此卽於角上扦穴。或有極大圩頭。一望無際之處。四面各分氣脈。俱有界水者。此則隨脈扦穴。

但有來龍一邊。生氣不住之所。不可扦穴。或龍自前來。而局面反在前者。此當以倒騎龍穴法扦之。但要外陽有大水注蓄。不則財祿耗散。或有結穴之後。餘氣不止。焰焰向前者。但審兩邊山水。夾輔有情。而生氣融蓄之處。以順騎龍穴法扦之。此則要餘氣不飛揚走竄。挽轉爲我作案者佳。又要案外隨龍之交會。如去龍不爲我作案。外水不交。乃過龍也。扦之必絕

又有隨水盤旋結蟠龍穴者。順水來龍逆回結顧祖穴者。兩水夾送到頭結順水穴者。有衆大特小。衆小特大者。有散中取聚。聚中取散者。有直來取橫。橫來取直者。有正中取偏。偏中取正

者。種種不同。局局變換。豈圖式能盡。要在於體認山水之情性。知其向背。詳其開闔。察其聚散。認其生氣。所止之處。以爲定穴之據。

然平洋之地。形如仰掌。乃陽氣有餘。而陰氣不足者也。到頭必微微隆起。見陰氣而後可以扦穴。此陽來陰受之法也。若於低平之處立穴。則獨陽不生。縱然砂水有情。暫時溫飽。隨卽敗絕矣。故景純曰：隱隱隆隆，吉在其中。張子微曰：平洋漸低漸下者，葬之必絕。卜則巍曰：平洋以一突爲奇，所惡者泥水坑邊，尋穴意有在矣。又云：平洋以得水爲先。而得水亦自有法。以遠水爲得水者固非。而以近水爲得水者亦非。以逆水爲得水者固非。而以順水爲得水者尤非。以近大水爲得水者固非。而以近小水爲得水者亦非。此皆非得水者也。

畢竟何者乃爲得水。蓋天地之理。無太過。無不及。惟貴在中和。故近水者。要有餘氣。否則割脚矣。遠水者。明堂要低。否則氣散矣。近大水者。穴宜退後。否則蕩胸矣。近水者。穴宜點出。否則水不見矣。逆水者。要有近案。否則直冲矣。順水者。要有交牙。否則雌雄不交矣。故逆水當朝。欲其之玄轉折。而來射如箭者非也。橫水過堂。欲其環抱如帶。而來直如弦者非也。大水奔逐向前。不滙聚者非也。小小紆縈如索。不纏繞者。非也。

至於十字交劍。反弓拘逆。斜飛捲簾。來小去大。分流折泒。衆深獨淺。內聚外散。色濁味臭。穿胸射脅。蕩背割肩。蛟潭龍湫。悲鳴湍急。諸般凶格。皆應檢點。一有差悞。如隨穿中。

又須細辨水路出入。然後立向消納。惟收來水於生旺之方。撥去水於沐囚之位。乃爲得法耳。左襟仙師曰。認水立朝。有彼吉此凶應。三合聯珠。實召瑞迎祥之宰。覆驗舊墳。萬無一失。諸般卦例。一切置之度外。此雖平洋水訣。未始不可推類而變通也。

此篇平洋認龍穴訣。李氏論之條理分明有則矣。余特以補傳。若理氣之訣。配合元空大五行顛倒之法則。要之向立生旺之正神生入。水收零神在堂尅入。雌雄交媾得宜。自然有收山出煞之法則矣。

辨僞總論

蔣大鴻著

地理多僞書。平砂玉尺者。僞之尤者也。或曰是書也。以世目視之。儼然經也。子獨辨其僞爲何居。曰惟世皆以爲經也。余用是不能無辨。今之術家。守之爲金科玉律。如蕭何之定漢法。苟出乎此。不得爲地理之正道。術士非此不克行。主家非此不敢信。父以教其子。師以傳其弟。果能識此。卽可以自號於人。曰堪輿家延之上座。操人身家禍福之柄而不讓。拜人酒食金帛之賜而無慚。是以當世江湖之客。寶此書爲衣食之利器。譬農之來耜。工之斧斤。其於謀生之策。可操券而得也。有朝開卷而成誦。暮挾南車以行術者矣。豈知其足以禍世如是之酷哉。知其禍世而不辨。余其無人心者哉。

或曰是書之來也遠矣。子又安知其爲僞也。乃從而辨之曰。我亦辨之以理而已矣。或曰此亦一理也。彼亦一理也。安知子之理是而彼之理非與。曰余邀惠於先之賢哲。而授余以黃石、青烏、楊公、幕講之秘要。竊自謂於地理之道。得之眞而見之確矣。故於古今以來所謂地理之書。無所不畢覽。凡書之合於秘要者爲眞。不合秘要者爲僞。而此書不合之尤者也。旣得先賢之秘要。又嘗近自三吳兩浙。遠之取魯豫章八閩之墟。縱觀近代名家墓宅。以及先世帝王聖賢陵墓古蹟。

考其離合。正其是非。凡理之取驗者爲眞。無所取驗爲僞。而此書不驗之尤者也。故敢斷其僞也。蓋以黃石、青烏、楊公、幕講斷之。以名家墓宅先世古蹟斷之。非余敢以私見臆斷之也。

或曰然則秉忠之譔。伯溫之註。非與曰此其所以爲僞也。夫地理者。裁成天地之道。輔相天地之宜。以經邦定國禍福斯民者也。三代以上。明君哲相。無不知之世道下衰。其說隱秘。而寄之乎山澤之癯。逃名避世之士。智者得之。嘗以輔翼興王。扶持景運。而其說之至者。不敢顯然以告世也。文成公之事太祖。其最著者矣。及其沒也。盡舉生平所用天文地理數學之書。進之內府。從無片言隻字。存於家而敎其子孫。況肯著書立說。以傳當世耶。故凡世本之稱青田者。皆僞也。均之左命之英。知青田則知秉忠矣。或曰何是書之文亂。井井乎若有可觀者也。曰其辭近是。其理則非。蓋亦世之通人而不知地理者。以意爲之。而傳會其說託之乎二公者也。余特指其謬。而一一辨之。將以救天下之溺於其說者。

羅按：余觀蔣氏辨僞之序，不可留於世，因其僞書害世深矣。而世人不得其真傳，不能辨識無怪矣。莫不信僞而為真，因其僞法僞訣到處皆有。而真者，先賢之所秘，特其人口傳只著書經留世，且得傳之人不敢輕洩。而蔣氏得傳之後，觀其先賢之書經僞註百解，蔣氏有心辨其正而筆語多隱秘，不肯明註，恐漏洩天機之戒。而世人讀之不知其解，反而辨正而不正，以致百法百解，百訣百釋，以僞傳僞，至今墓宅百無一是。余究之不認，則承蔣氏救世之心特錄此篇補傳，意在善究地學之士能入元空之正門是幸。

辨順水行龍

山龍之脈。與平壤龍脈。皆因水以驗其脈之動靜。而皆不即水以驗其脈之去來。今先言山龍。夫山剛質也。水柔質也。山之孔竅而水出焉。故兩山之間。必有一水。山窪下之地。即水流行之道。水隨山而行。非山隨水而行也。山之高者。脈所從起。山之卑者。脈所從止。山自高而卑。故水亦從之。自高而卑。此一定之理也。往往大溪大澗之旁。小幹龍所憩焉。大江大河之側。大幹龍所休焉。蓋來山之衆支聚於此。故來水之衆脈亦聚乎此也。然據水之順逆。論脈之行止。但可就其大概而言爾。若必謂水於此界。脈即於此斷。水向左流脈必不向右行。則不可也。

夫龍脈之起伏轉折。千變而不窮。有從小江小湖。崩洪而過者矣。有從大江大湖。越數十百里。不知其踪跡端倪而過者矣。有收本身元辰小水逆行數里而結者矣。有向大幹水逆奔數百里而結者矣。龍之眞者。水愈斷而其過脈愈奇。勢愈逆而其骨力愈壯。豈一水之橫流。可遏之使斷。牽之使前乎。今玉尺云。順水直衝而逆回結穴。方知體段之眞。若逆水直衝而合襟在後。斷是虛花之地。衆水趨歸東北。而坤申之氣施生。羣流來向巽辰。而乾亥之龍毓秀。甲卯成胎。不食酉辛之氣。午丁生意。豈乘坎癸之靈。據此而言。是天下必無逆水之龍也。

或曰子所言者山龍也。玉尺所言平壤也。故其言曰。乾源曠野鋪氈細認交襟。極隴平坡。月角詳看住結。山龍有脈可據。故有逆水之穴。平壤無脈可尋。止就流神之去來。認氣之行止。豈與山之過峽起伏。同年而語乎。子生平專分山水二龍。以正告天下。何又執此論也。解之曰。平壤固純以流神辨氣。與山之脈峽不同。至以水之來去。爲氣之行止。則我不取。我以爲酉辛水到。則甲卯之胎愈眞。癸坎流來。則午丁之靈益顯。坤申生氣。衆水必無東北之趨。乾亥成龍。羣流必無巽辰之向。由此而言。玉尺不但於山龍特行特結之妙。茫然未知。且於平壤雌雄交媾之機。大相背謬。

至其統論三大榦龍。而以爲北榦。乃崑崙之丑艮出脈。而龍皆坤申。南榦乃崑崙之巽辰出脈。而龍皆乾亥。中條乃崑崙之寅甲卯乙出脈。而龍皆庚辛。註者遂實其辭曰。北榦無離巽艮震穴。中榦無震巽艮穴。建康止有南離。臨安止有坤兌。八閩止有坤申。固哉。玉尺之言龍也。夫擧天下之大勢。大抵自兌之震。自乾之巽。自坤之艮者。地勢之從高而下然也。至於龍之剝換傳變。豈拘一方。眞脈性喜逆行。大地每多朝祖。若執此書順水直衝之說。遇上格大地。反以爲不合理氣而棄之。而專取傾瀉奔流蕩然無氣之地。誤認爲眞結而葬之。其貽害於人焉有限量。余故不得已叮嚀反覆以辨之也。

辨貴陰賤陽

易曰。立天之道。曰陰與陽。惟此二氣。體無不具。用無不包。是二者不可偏廢。故曰獨陽不生。獨陰不長。是二者未嘗相離。故曰陽根於陰。陰根於陽。舍陽而言陰者。非陰也。舍陰而言陽者。非陽也。聖人作易。必扶陽抑陰者。何也。曰道一而已。故曰乾。分而爲二而名之曰坤。以兩儀之對待者言。曰陰陽。以一元之渾然者言。惟陽而已。言陽而陰在其中矣。而就人事言。則陽爲君子。陰爲小人。內君子外小人爲泰。內小人外君子爲否。

由此言之。陽與陰不可分也。苟其分之。則貴陽賤陰。如聖人之作易可也。若貴陰賤陽。是背乎聖人作易之旨。而亂天地之正道也。玉尺乃以艮巽震兌四卦爲陰之旺相而貴之。以乾坤坎離四卦爲陽之孤虛而賤之。卽以納甲八干十二支。丙納於艮。辛納於巽。庚納於震。而亥卯未從之。丁納於兌。而巳酉丑從之。十者皆謂之陰而貴。以甲納乾。以乙納坤。以癸納坎。而申子辰從之。以壬納離。而寅午戌從之。十者皆謂之陽而賤。於是當世之言地理者。不論地之眞僞若何。凡見陰龍陰水陰向。則概謂之吉。而見陽龍陽水陽向。則概謂之凶。此乘謬之甚者也。

夫吉凶之理。莫著於易。易六十四卦。各有其吉。各有其凶。八卦。六十四卦之父母也。豈有四卦純吉。四卦純凶之理。八干十二支亦然。吾謂論地止論其是地非地。不當論其屬何卦體。

屬何干支。若果龍眞穴的。水神環抱。坐向得宜。雖陽亦吉。若龍非眞來。穴非眞結。砂飛水背。坐向偏斜。雖陰亦凶也。又拘所謂三吉六秀。而以爲出於天星。考之天官家言。紫微垣在中國之壬亥方。而太微垣在丙午方。天市垣在寅艮方。且周天二十八宿。分布十二宮。皆能爲福。皆能爲災。地之二十四干支。上應列宿。亦猶是也。何以在此爲吉。在彼爲凶。此與天星之理全乎不合。

至謂乾坤爲老亢。辰戌爲魁罡。丑未爲暗金殺。種種悖理。夫乾坤乃諸卦之父母。六子皆其所產何得爲凶。老嫩之辨在於龍。龍之出身嫩。卽乾坤亦嫩也。龍之出身老。卽巽辛兌丁亦老也。斗之載匡爲魁。斗柄所指爲天罡。此樞斡四時。斟酌元氣造化之大柄也。理數家以爲天罡所指。衆煞潛形。何吉如之。而反以爲凶耶。五行皆天地之經緯。何獨忌四金。且庚酉辛。金之最堅剛者也。旣不害其爲吉。而獨忌四隅之暗金。甚無謂矣。諸如此類。管郭楊賴。從無明文。不知妄作流毒天下。始作俑者。其無後乎。我不禁臨文而三歎也。

辨龍五行所屬

盈天地間。止有八卦先天之位。曰乾坤定位。山澤通氣。雷風相薄。水火不相射。八卦總之。陰陽而已。山陽澤陰。雷陽風陰。水陽火陰。皆兩儀對待之象。對待之中。化機出焉。所謂元牝之門。是爲天地根。一陰一陽之謂道。

八卦者。天地之體。五行者。天地之用。當其爲體之時。未可以言用也。故坎雖爲水。此先天之水。不可以有形之水言也。離雖爲火。此先天之火。不可以有形之火言也。故艮爲山。而不可以土言也。兌爲澤。而不可以金言也。震巽爲風雷。而不可以木言也。故以八卦屬五行。而論龍之所屬者。皆非也。

若論後天方位八卦。而以坎位北而爲水。以離位南而爲火。以震位東而爲木。以兌位西而爲金。似矣。四隅皆土也。又何以巽木乾金。不隨四季而隨春秋耶。此八卦五行之一謬也。及論二十四龍。則又造爲三合之說。復附會之以雙山。更屬支離牽強。全無憑據。

夫既以東南西北。爲四正五行。則巳丙丁皆從離而爲火。亥壬癸皆從坎而爲水。寅甲乙皆從震而爲木。申庚辛皆從兌而爲金。辰戌丑未皆從四隅而爲土。猶之可也。今又以子合辰申而爲水。并其鄰之坤壬乙。亦化爲水。以午合寅戌而爲火。并其鄰之艮丙辛。亦化爲火。以卯合亥未而爲木。并其鄰之乾甲丁。亦化爲木。以酉合巳丑而爲金。并其鄰之巽庚癸。亦化爲金。論八卦則卦爻錯亂。論四令則方位顚倒。此三合雙山之再謬也。所謂多岐亡羊。朝令夕改。自相矛盾。不特悖於理義。而亦不通於辭說者矣。

又以龍脈之左旋右旋而分五行之陰陽。曰亥龍自甲卯乙。丑艮寅。壬子癸方來者。爲陽木龍。亥龍自未坤申。庚酉辛。戌乾方來者。爲陰木龍。其餘無不皆然。謬之謬者也。又以龍之所屬。而起長生。沐浴。冠帶。臨官。帝旺。衰。病。死。墓。絕。胎。養。又以龍順逆之陰陽。分起長生。曰陽木屬甲。長生在亥。旺於卯。墓於未。陰木屬乙。長生在午。旺於寅。墓於戌。其餘無不皆然。舉世若狂。以爲定理。眞可哀痛。

夫五行者。陰陽二氣之精華。散於萬象。周流大虛。盈天地之內。無處不有五行之氣。無物不具五行之體。今以龍而言。則直者爲木。圓者爲金。曲者爲水。銳者爲火。方者爲土。又窮五行之變體。而曰貪狼木。巨門土。祿存土。文曲水。廉貞火。武曲金。破軍金。左輔土。右弼金。五行之變盡矣。此楊曾諸先覺明目張膽以告後人者也。

夫此九星五行者。或爲起祖之星。或爲結穴之星。或爲夾從輔佐之星。或兼二。或兼三。或兼四。甚而五星傳變。則地大不可名言。此以見五行者。變化之物。未有單取一行不變以爲用者也。今不於龍體求五行之變化。而但執方位論五行之名字。是使天地之生機。不變不化。取其一盡廢其四矣。

又從方位之左右旋。分五行之陰陽。是使一氣之流行。左支右絀。得其半并未全其一矣。試以物產言之。隨地皆生五材。若曰。南方火地無大水。北方水地不火食。西方金地不產名材。東方木地不產良金。有是理乎。試以稟性言之。盡人皆具五德。若曰東方之人皆無義。西方之人皆無仁。北方之人皆無禮。南方之人皆無知。有是理乎？

且獨不觀四時之流行乎。春氣一噓而萬物皆生。不特東南生而西北無不盡生。秋氣一肅。而萬物皆落。不特西北落而東南無不盡落。是生殺之氣。不可以方隅限也。又不觀五材之利用乎。棟梁之木。遇斧斤而成材。入冶之金。須鍛鍊而成器。大塊非耒耜不能耕耘。清泉非爨燎不能飲食。道家者流。神而明之。故有水火交媾。金木合幷之義。以爲大丹作用。即大易既濟歸妹之象也。故曰識得五行顛倒顛。便是大羅仙。

相生者。何嘗生。相尅者。何嘗尅乎。今玉尺曰。癸壬來自兌庚。乃作體全之象。坎水迎歸寅卯名。爲領氣之神。金臨火位。自焚厥屍。木入金鄉。依稀絕命。火龍畏見兌庚。遇北辰而自廢。東震愁逢火刼。見西兌而傷魂。是山川有至美之精英。而以方位廢之也。且五行之論生旺墓。而亦限之以方位。其說起於何人。若以天運言。則陽升而萬物皆生。陰升則萬物皆死。無此生彼死。此死彼生之分也。若以地脈言。則有氣而在在皆生。無氣則在在皆死。無此生彼墓。此旺彼衰之界也。

今龍必欲自生趨旺。自旺朝生。水必來於生旺。去於囚謝。砂之高下亦如之。皆因誤認來龍之五行所屬。於是紛紛不根之論。咸從此而起也。更有謂龍之生旺墓。若不合。別有立向消納之法。或以坐山起五行。或以向上論五行。不知山龍平壤。皆有一定之穴。生成之向。豈容拘牽字義。以意推移。朝向論五行。固爲乘謬。坐山論五行。亦未爲得也。玉尺又兩可其說。曰可合雙山。作用法聯珠之妙。宜從卦例。推求尊納甲之宗。又何其首鼠兩端。從無定見耶。

我願世之學地理者。山龍止看結體之五星。平壤止看水城之五星。此乃五行之眞者。苟精其義。雖以步武楊賴。亦自不難。至於方位五行。不特小元空生尅出入。宗廟。洪範。雙山。三合。斷不可信。卽正五行。八卦五行。亦不可拘。此關一破。則正見漸開。邪說盡息。地理之道。始有入門。嗟乎。我安得盡洗世人之肺腸。而曉然告之以元空大卦。天元九氣之眞訣。使黃石靑囊之秘。昭昭乎若揭日月而行也哉。

此篇所論龍及五行，蔣氏節節釋之，條理分明。若以平洋言，以水謂龍，重在元辰一節，五行則生旺衰死。

辨四大水口

夫四大水口。有至理存焉。楊公書中。未曾發露。惟希夷先生。闡闢水法。倡明八卦之理。而四大水口之義。寓於其中。此乃黃石公三字靑囊所固有。楊公特秘而不宣。卽希夷猶引而不發也。今人不知天元八卦之妙用。妄以凡庸淺見測之。遂以爲辰戌丑未爲五行墓庫之方。輒以三合雙山附會之。曰乙丙交而趨戌。辛壬會而聚辰。斗牛納丁庚之氣。金羊收癸甲之靈。嗚呼謬矣。

以三合五行起長生墓庫之非。穴龍上五行。左旋爲陽。右旋爲陰。而同歸一庫。穿鑿不通之論。前篇皆已辨之。獨此四大水口。原屬卦氣之妙用。青囊之正訣。而亦爲此輩牽合錯解。以僞亂眞。余每開卷至此。不勝扼腕。故又特舉而言之。

夫圖南先生八大局。皆從洛書八卦中來。一卦有一卦之水口。舉四隅之卦而言。則有四。若兼四正之卦而言。其實有八。然括其要旨。卽一水口而諸卦之理已具。學者苟明乎此。山河大地布滿黃金矣。特以天心所秘。非人勿傳。故不敢筆之於書。聊因俗本微露一端。任有夙慧者死心自悟。若以爲陽艮龍。丙火交於乙。墓於戌。陰亥龍。乙木交於丙。亦墓於戌。以爲天根月窟。雌雄交媾。元竅相通。種種癡人說夢。總因誤認諸家五行。不知卦氣之理。以訛傳訛。盲修瞎鍊。吾徧觀古來帝王陵寢。以及公卿名墓。何嘗有合此四語者。若用此四語擇得合格之地。總與地理眞機無涉。其爲敗絕亦猶是也。所謂勞而無功。聞余言者。不識能暢然動於中否。

此篇蔣氏辨四大水口之眞，云楊公特秘。又曰八卦只有一卦通。特以天心所秘。天心實秘也。則一卦之生氣也。若言八大局。則陰陽交媾之義。訣曰：「地元起庫中。人元起貴人方。」

辨砂水吉凶

今之地理家。分龍。穴。砂。水四事。或云龍雖好。穴不好。或云龍穴雖好。砂水不好。何異癡人說夢。古之眞知地理者。只有尋龍定穴之法。無尋砂尋水之法。正以雖有四者之名。而實一而已矣。穴者龍之所結。水者龍之所源。砂者龍之所衞。故有是龍。則有是穴。有是穴則有是砂水。未有龍穴不眞。而砂水合格者也。亦未有龍眞穴的而砂水不稱者也。

玉尺反曰。龍穴之善惡從水。猶女人之貴賤從夫。穴雖凶而水吉。尙集諸祥。是以本爲末。以末爲本。顚倒甚矣。且其所謂吉凶者。只取四生。三合。雙山五行。論去來之吉凶。而以來從生旺。去從墓絕者爲吉。反此者爲凶。旣屬可笑。又以砂水之在淨陰方位者爲吉。在淨陽方位者爲凶。尤爲拘泥。

夫水之吉凶。只辨天元衰旺之氣。砂者借賓伴主。只要朝拱環抱。其形尖員平正。秀麗端莊。皆爲吉曜。若斜飛反去。破碎醜拙。則爲凶殺。或題之曰文筆。曰誥軸。曰御屏。曰玉元。曰龍樓。曰鳳閣。曰仙橋。曰旗幟。曰堆甲屯兵。曰烟花粉黛。諸多名色。皆以象取之。類應之。而不可拘執。亦須所穴者。果是眞龍胎息。精靈翕聚。而後一望臚列。皆其珍膳爾。假如一山數塚。同見貴砂。而一塚獨發。其餘皆否。豈非貴之與賤在龍穴而不關於砂乎。況四神八國並起星峯。皆堪獻秀。何必淨陰之位則吉。淨陽之位則凶。

龍穴豈無貴陰賤陽之分耶。其云文筆在坤申爲詞訟。旌旗見子午爲刼賤。高峯出南離。恐驚回祿。印星當日馬。必遭瞽疾。乾戌爲鼓盆之殺。坤流爲寡宿之星。寅甲水瘋疾纏身。乙辰水投河自縊。又云未離胎而夭折。多因衝破胎神。纔出世而身亡。蓋爲擊傷生氣。四敗傷生。雖有子而母明父暗。旺神投浴。恐居官而淫亂可羞。諸如此類。不可枚舉。立辭愈巧。其理愈虛。一謬百謬。難以悉辨。總其大旨曰。廢五行衰旺之說。破陰陽貴賤之名。可以論龍穴。卽可以論砂水矣。我於是書。取其四語。曰：本主興隆。殺曜變爲曜。龍身微賤。牙刀化作屠刀。此則沙中之金。石中之玉也。采葑采菲。無以下體。故特舉而存之。

辨八煞黃泉祿馬水法

水法中。有祿上御街。馬上御街。其說鄙俚不經。而最能使俗人艷慕。又有黃泉八煞二種禁忌。使人望而畏之。若探湯焉。我以爲其說皆妄也。夫祿馬貴人。起例見於六壬。在易課中已屬借用。與地理祿命皆無干涉。世人學術無本。一見干支。便加祿馬。推命家用之。地理家亦用之東挪西借。以張之子孫。繼李之宗祖。血脈不通。鬼神不享。此在楊曾以前。從不見於經傳。後之俗子。妄加添設不辨自明。

夫地理之正傳。止以星體爲巒頭。卦爻爲理氣。舍此二者。一切說元說妙。且無所用之。況其鄙俗之甚者乎。其所稱馬貴者亦有之矣。曰貴人。曰天馬。此皆取金峯而爲名。不在方位也。

水之御街。亦以形論非以方言。至於八煞黃泉。尤無根據。全然揑造。更與借用者不同。夫天地一元之氣周流六虛。八卦方位先天後天互爲根源。環相交合。相濟爲用。得其氣運則皆生。違其氣運則皆死。但當推求卦氣之興衰。以爲趨避耳。從無此卦忌見彼卦。此爻忌見彼爻之理。若失氣運。則巽見辛。艮見丙。兌見丁。坤見乙。坎見癸。離見壬。震見庚。乾見甲。本宮納甲正配。尚足以興妖發禍。若得氣運。雖坎龍。坤兎。震猴。巽雞。乾馬。兌蛇。艮虎。離猪。而卦氣無傷。諸祥自致。我謂推求理氣者。須知有氣運隨時之眞殺。實無卦爻配合之煞曜。今眞殺之。刻期刻應。剝膚切骨者不知避。而拘拘忌八曜之假煞。亦可悲矣。

黃泉卽四大水口。而強增名色者也。故又曰。四箇黃泉能殺人。辰戌丑未爲破軍。四箇黃泉能救人。辰戌丑未爲巨門。故又文飾其名曰救貧黃泉。夫既重九星大元穴水法。則不當又論黃泉矣。何其自相矛盾一至於此。或亦高人心知其誣。而患無以解世人之惑。故別立名色巧爲寬譬耶。未可知也。其實則單論三吉水可矣。不必論黃泉也。

且黃泉所忌。於彼所言淨陰淨陽。生旺墓水法。皆不盡合。若論陰陽。則乙忌巽是矣。而丙則同爲純陰。庚丁忌坤。甲癸忌艮。辛忌乾是矣。而壬則同爲純陽。何以亦忌。此與淨陰陽自相矛盾也。若論三合五行。則乙水向見巽。丁木向見坤。辛火向見乾。癸金向見艮。同爲墓絕方忌之是矣。丙火向見巽。庚金向見。坤壬水向見乾。甲木向見艮。皆臨官方也。何以亦忌。此於三合雙山。自相矛盾也。我卽彼之謬者。而以證其謬中之謬。雖有蘇張之舌。亦無辭以復我矣。玉尺遂飾其說曰。八殺黃泉。雖云惡曜。若在生方。例難斷。此眞掩耳盜鈴之術。旣云惡曜矣。又烏得云生方矣。又焉得稱惡曜。孰知惡曜固不眞。而生方亦皆假也。

或者又爲之亂曰。黃泉忌水去。不忌來。或又曰。忌水來而不忌去。總屬支離。茫無一實。我謂氣運乘旺。雖黃泉。而但見其福。運氣當衰。雖黃泉。而立見其禍。苟知其要。不辨自明。而我緦緦然論之不置者。以世人迷惑已久。如墮深坑。無力自脫。多方曉譬。庶以云救也。嗚呼。當世亦有見余此心者耶。

辨分房公位

夫葬者。所以安親魄也。親魄安。則衆子皆安。親魄不安。則衆子皆不安。今之世家巨族。往往累年不葬。甚至遲之又久。終無葬期。一則誤於以擇地爲難。再則誤於拘分房之說。一子之家猶可。子孫愈多。爭執愈甚。遂有挾私見以隄防。用謀略以自便者矣。有時得一吉地。惑於旁人之言。以爲不利於己而阻之者。阻之不已。竟葬凶地。同歸於盡。亦可哀哉。原其故。皆地理書公位之說爲之禍根。使人滅倫理喪良心。無所不極其至也。豈知葬地如樹木。根荄得氣。則衆枝皆榮。根荄先撥。則衆枝皆萎。亦有一枝榮。一枝萎者。外物傷殘之耳。葬親者。但論其地之吉凶。斷不可執房分之私見。

吾觀古來名宗巨室。往往共一祖地。各分均發甚多。亦有獨發一房。或獨絕一房者。此有天焉。不可以人之智巧爭也。或問曰。然則公位之說全謬與。又何以有獨發獨絕者耶。曰是固有之。而非世人之所知也。其說在易。曰震爲長男。坎爲中男。艮爲少男。巽爲長女。離爲中女。兌爲少女。孟仲季之分房。由此而起也。然其中有通變之機。非屬此卦。卽應此子或應此女之謂也。玉尺乃云。胎養生沐屬長子。冠臨旺衰屬仲子。病死墓絕屬季子。卽就彼之言以折之。生則諸子皆生矣。旺則諸子皆旺矣。死絕則諸子皆死絕矣。何爲以此屬長。以此屬仲。以此屬季。曰亦以其漸耳。折之曰。以爲始於胎養。繼而生旺。旣而死絕似矣。若有四子以往。則又當如何耶。其轉而歸於生旺耶。抑另設何名以應之耶。此不足據之甚者也。世人愼勿惑於其說也。

平砂玉尺辨僞總括歌

國朝姜世汝臯撰

萬卷堪輿總失眞。平砂玉尺最堪嗔。二劉名姓憑伊冒。豈有當年乎澤存。
開國伯溫成佐命。嘗將妙訣定乾坤。晚年一篋青囊秘。盡作天家石室珍。
天寶不容人漏洩。忍將隱禍中兒孫。片言隻字無留影。肯借他人齒頰名。
秉中亦是元勳列。敢冒嫌疑著此經。世上江湖行乞者。只貪膚淺好施行。
戶誦家傳如至寶。興災釀禍害生民。幸遇我師垂憫救。苦心辨駁著斯文。
竊恐愚夫迷不悟。括成俚句好歌吟。願君細察歌中意。莫枉楊宗一片心。
天下山山多順水。此是行龍之大體。眞龍發足不隨他。定是轉關星特起。
特起之龍變化多。渡水逆行不計里。玉尺開章說順龍。順水直衝爲大旨。
水來甲卯兌不收。水來丁午坎不取。必要隨流到合襟。直瀉直奔名漏髓。
全無眞息蔭龍胎。山穴平陽皆失軌。勸君莫聽此胡言。誤向順流探脈理。
八方位位有直龍。爻象干支總一同。山脈陰陽分兩界。此是天然造化工。
陽脈出身陽到底。陰脈出身陰爲宗。從無僞來幷僞落。豈有貴賤分雌雄。

若是眞胎成骨相。乾坤辰戌也崢嶸。若是空亡無氣脈。巽辛亥艮盡招凶。
品水評砂原一例。三吉六秀有何功。勸君莫聽此胡言。旺相孤虛理不通。
五行相生與相尅。此是後天粗糲質。山川妙氣本先天。生不須生尅非尅。
木行金地反成材。火入水鄉眞配匹。南離爐冶出眞金。陰陽妙處全須逆。
原說五行顚倒顚。庸庸之輩何能識。先天理氣在卦爻。生旺休囚此中出。
量山步水總一般。立向收砂非二格。安有長生及官旺。全無墓庫與死絕。
卦若旺時路路通。卦若衰時路路塞。有人識得卦興衰。眼前盡是黃金陌。
納甲本是卦中元。用他配合皆非的。堪笑三合及雙山。元空生出幷尅出。
更有祿馬及赦文。咸池黃泉八曜煞。庸奴只把長生輪。誤盡天涯聰慧客。
勸君莫聽此胡言。五行更覺眞消息。雌雄交媾大陰陽。月窟天根卦內藏。
此是乾坤造化本。會時便號法中王。楊公說個團團轉。一左一右兩分張。
明明指出夫和婦。有個單時便是雙。二十四山雙雙起。八卦之中定短長。
豈料庸奴多錯解。干支字上去商量。誤起長生分兩局。會同墓庫到其鄉。
未曾曉得眞交媾。那裡懷胎喚父孃。我卽汝言來教汝。陰陽指氣不指方。
甲庚丙壬是陽位。有時占陰不喚陽。乙辛丁癸是陰位。有時占陽卽喚陽。

陰陽亦在干支上。不用排來死煞方。眼前夫婦不識得。却將寡婦守空房。
勸君莫聽此胡言。元竅相通別主張。四大水口歸其位。此是卦之眞匹配。
如何說到墓庫方。左旋右轉傅會。四水四卦逐元輪。一元一卦乘旺氣。
周流八卦逐時新。會者楊公再出世。今將墓合作歸源。失運失元迎煞氣。
勸君莫聽此胡言。陽差陰錯非斯義。公位亦自卦中來。長少中男各有胎。
不論干支弁龍脈。如何亦取三合推。胎養生沐乃云長。仲子冠臨人旺衰。
少子病死弁墓絕。若然多子作何排。世人信此爭房分。停喪不葬冷爲灰。
更起陰謀相賊害。傷倫蔑理召天災。陷人不孝弁不睦。此卷僞書作禍胎。
我願今人只求地。得地安親大本培。親安衆子皆蒙慶。休把分房去亂猜。
試看閥閱諸名墓。一祖枝枝產衆材。分房蓋爲分陽宅。莫論偏苛到夜臺。
平砂一卷何人作。註解翩翩尤醜惡。添圖添局死規模。強把山川牢束縛。
從謙都却布衣宗。之鏌直是追魂鏨。嘉隆以上無此書。萬歷中年方撲朔。
從來家家無好墳。迄今徧地成蕭索。焉得將書付祖龍。免使蒼生遭毒藥。

辨陰陽交媾

天地之道。不過一陰一陽交媾而已。天地有一大交媾。萬物各有一交媾。變變化化。施之無窮。論其微妙。莫可端倪。故曰元牝之門。是爲天地根。地理之道。若確見雌雄交媾之處。則千卷青囊。皆可付之祖龍矣。斯理甚秘。而實在眼前。若一指明。觸目可覩。然斷不從五行生旺墓上討消息也。玉尺乃曰。有乙辛丁癸之婦。配甲庚丙壬之夫。又曰陰遇陽而非其類。號曰陽差。陽見陰而非其偶。名曰陰錯。仍取必於乙丙之墓戌。辛壬之墓辰。丁庚之墓丑。癸甲之墓未。此眞三家村學究之見也。

夫陰陽之交媾。自然而然。不由勉強。亦活潑潑地。不拘一方。豈可以方位板格死煞排算乎。卽以天地之交媾者言。天氣一降。地氣一升。而雨澤施沛矣。子能預定天地之交於何方。合於何日乎。更以男女之交媾者言。陽精外施。陰血內抱。而胎元斯孕矣。子能預擬胎孕之何法而成。何時而結乎。知天地男女之不可以矯揉造作。則知地理之所謂天根月窟亦猶是矣。此惟楊公都天寶照言之鑿鑿。不啻金針暗度。余因辨玉尺之謬。而偶洩於此。具神識者。精思而冥悟之。或有鬼神之告也。

此陰陽交媾者，乃是青囊元空之秘，不輕傳外人。蔣曰不過一陰一陽交媾而已，然干支亦可交媾也，其理必在河洛之數中，若知體用之理，便知交媾之義。易曰：太極生兩儀，兩儀生四象，四象生八卦，有八卦則有陰陽四象之義矣，如人之父母、子息也，有一家之骨肉。若能識此，便是元空路上人，學者可自悟。

總論後

蔣子作玉尺辨僞既成。或問曰。子於是書訛謬。辨之則旣詳矣。子謂吉凶之理存乎地。而非方位之所得而限也。然則八千四維十二支。舉無有吉凶之當論乎。曰何爲其然也。我正謂八千四維十二支。皆分屬乎卦氣。夫卦氣吉凶之有辨。蓋灼灼矣。而特非淨陰淨陽。雙山三合。生旺墓之云云也。乃若青囊正理。方位之辨實有之。其秘者不敢宣洩。姑就玉尺之文概舉之！玉尺所畏者。曰乙辰。曰寅甲。而以青囊言之。乙之與辰。寅之與甲。相去不啻千萬里也。有時此吉而彼凶。有時此凶而彼吉者矣。所最羨者。曰巽巳丙。而以青囊言之。巽巳之與丙。相去亦不啻千萬里也。有時此吉而彼凶。有時此凶而彼吉者矣。所最分別而不使之混者。曰丙午丁。曰乾亥。曰甲卯乙。曰辰巽。曰丑艮寅。而以青囊言之。午之與丙丁。亥之與乾。卯之與甲乙。巽之與辰。丑寅之與艮。所爭不過尺寸之間而已。有時而吉。則必與之俱吉。有時而凶。則必與之俱凶矣。

今乃於其當辨而不可不辨者。如黃精之與勾吻。附子之與烏頭。一誤用之。而足以入口傷生者。反置之不辨。於其易辨而可以不辨者。如白粱之與黑秬。異色而皆可以養人。堇之與鴆。異類而皆可以殺人者。屑屑焉悉舉而辨之。彼自以爲智。而乃天下之大愚也。

且生旺死絕之說。青囊未嘗不重之。故葬書曰。葬者乘生氣也。卦氣之所謂生。非三合五行之所謂生。卦氣之所謂旺。非三合五行之所謂旺。卦氣之所謂死絕。非三合五行之所謂死絕。且地氣之大生旺不知趨。而區區誤認。一干一支之假生旺而求迎之。地氣之大死絕不知避之。悲夫。所謂雀以一葉障目。而謂彈者之不我見也。以此爲己。適以害己。以此爲人。適以害人而已。

故夫玉尺之於地理。猶鄭聲之與雅樂。楊墨之於仁義。一是一非。勢不兩立。實有關於世道之盛衰。天地之氣數。竊聞嘉靖以前。其書尚未大顯。至萬歷時有徐之鏌者。爲之增釋圖局而梓行之。於是江湖行術之徒。莫不手握一編。以求食於世。至今日而惑於其說者且徧天下也。悖陰陽之正。干天地之和。與俶擾五行。怠棄三正者。同其禍患。有聖人者出。而誅非聖之書。於陰陽一家。必此書爲之首。嗚呼。此書不破。世運何由而息水火。生民何由而躋仁壽哉。我拭目望之矣。

先賢曰：地理，風水也，以形氣而言。形氣者，體用也。以體爲靜，以用爲動。以龍言，有分山水二龍。山龍爲靜體，以象爲主，以理配之，要之四面有情，處處皆親。有藏風聚氣，賓主分明。正來正落，似可穴之，而其法先賢各論其詳。而水龍者，重於氣，其法先賢之所秘，至今識者少矣。而識者不洩，不識者卦例百出，各立其理，自然一理也一原則，何來百理千訣乎。

吾今談之一二可也。

水龍之道，無脈可尋，以水爲證。看脈源流，用之顚倒，觀其息處動靜，有情可親似可。此言有形之氣。若論無形之氣者，則天心一氣也。觀其流脈，一路之生氣，到頭金龍必要動，動則氣生。察其息處子息，屬何家之骨肉，一一分清不可雜亂。然向其天心一氣立之，用其交媾配之，萬物自可生矣，穴自成矣。

堪輿風水叢書

△地理辨正翼／榮錫勳
搜集考證青囊經天玉經等／500元

△地理黃金斷／柯書爺
穴后屏障起高峰定出三公位帝畿／200元

△地理辨正參解／錢青甫述義
堪輿一道博大精深，本書提綱挈領之／200元

△五行精紀／廖中
研讀古籍，一窺五行義理之堂奧／800元

天玉元空寶鑑

著　　者　羅群
發 行 人　林輝慶
出 版 者　武陵出版有限公司
社　　址　台北市新生南路三段19巷19號
電　　話　3638329・3630730
傳眞號碼　3621183
郵撥帳號　0105063-5
法律顧問　王昧爽律師
地　　址　台北市羅斯福路二段1號11樓
印 刷 者　上英印刷股份有限公司
裝 訂 者　忠信裝訂廠
登 記 證　局版臺業字第1128號
初　　版　1994年1月

定價200 元

ISBN 957-35-0734-X